W0048845

V&R

Frank Natho

Brauchen wir die Liebe noch?

Die Entzauberung eines Beziehungsideals

Vandenhoeck & Ruprecht

Bibliografische Information der Deutschen Nationalbibliothek

Die Deutsche Nationalbibliothek verzeichnet diese Publikation in der Deutschen Nationalbibliografie; detaillierte bibliografische Daten sind im Internet über http://dnb.d-nb.de abrufbar.

ISBN 978-3-525-40239-9
ISBN 978-3-647-40239-0 (E-Book)

Umschlagabbildung: .marqs/photocase.com

© 2014, Vandenhoeck & Ruprecht GmbH & Co. KG, Göttingen / Vandenhoeck & Ruprecht LLC, Bristol, CT, U.S.A.
www.v-r.de
Satz: SchwabScantechnik, Göttingen
Umschlag: SchwabScantechnik, Göttingen
Druck und Bindung: ⊕ Hubert & Co., Göttingen

Gedruckt auf alterungsbeständigem Papier.

Inhalt

Vorwort

Die Liebe – für viele Partnerschaften und Ehen ist sie die wichtigste Grundlage des Zusammenlebens und einer erfüllten gemeinsamen Sexualität. Sie soll ein ganz besonderes Gefühl sein, welches Menschen zueinander führt, aneinander bindet und die Partnerschaftszufriedenheit erhöht. Viele Paare glauben an dieses Gefühl, an dessen Kraft und magische Wirkung – und so wird die Liebe zum Ideal für Ehe und Partnerschaft. Doch Ideale haben auch Nachteile, sie setzen Maßstäbe, intensivieren den Druck, erhöhen die Erwartungen an die Beziehung und verstärken die Sensibilität für das Vorhandensein oder das Fehlen von Liebe.

Fehlt die Liebe, dann ist das oft ein Grund für Trennung. Trennungen führen wiederum zu emotionalem Stress bei allen Beteiligten, insbesondere bei den Kindern eines Paares. Inzwischen hat sich zwar gezeigt, dass Kinder durch die Trennung der Eltern nicht zwangsläufig Schaden davontragen, doch bedarf es nach wie vor einer erheblichen Anpassungsleistung an die veränderte Beziehungssituation der Eltern. Je nach Alter und Entwicklungsstand des Kindes ist das Risiko für längerfristige Beeinträchtigungen unterschiedlich hoch: Jüngere Kinder, die noch in der Bindungsphase sind, haben meist mehr mit den Folgen der Scheidung ihrer Eltern zu kämpfen als ältere.

Dabei steht am Anfang einer Beziehung zwischen Mann und Frau meist die Liebe bzw. die Verliebtheit ineinander. Wie kommt es eigentlich dazu und ist das für das Zustandekommen und die Dauer einer Partnerschaft tatsächlich wichtig? Hat einer der Partner nach einiger Zeit den Eindruck, vom anderen nicht mehr so geliebt zu werden wie am Anfang der Beziehung, fängt er an, nach Liebesbeweisen zu suchen. Doch was beweist die Liebe des anderen? Sind es die Blumen, die der Partner abends mit nach Hause bringt, oder weisen sie im Gegenteil auf das Fehlen der Liebe, auf ein schlechtes Gewissen hin? Ist erst einmal der Eindruck entstanden, dass sich die Liebe aus der Beziehung stiehlt, beobachten die Partner einander genau und suchen nach Anzeichen, die ihre Annahme bestätigen. Misstrauen schleicht sich ein, das nicht selten den Anfang vom Ende darstellt.

Welche Rolle spielt dabei die Eifersucht? Ist sie tatsächlich die Schwester der Liebe? Hat sie die Funktion, den Partner als Objekt der Liebe zu binden, zu kontrollieren? Für viele gehört die Treue zur Liebe. Doch wie passt die Tatsache dazu, dass Partner fremdgehen und dass die Sexualität aus der Beziehung herausvagabundiert? Ist die Liebe als Gefühl, als soziales und emotionales Ritual vielleicht doch ein Auslaufmodell? Könnten Paare möglicherweise viel entspannter mit dem Verlust oder der zeitweisen Abwesenheit der Liebe umgehen, wenn es die Liebe als Beziehungsideal nicht gäbe? Vielleicht wäre es dann auch leichter zu akzeptieren, dass ein Partner außerhalb der eigenen Paarbeziehung oder Ehe nach sexuellen Abenteuern sucht?

In meiner jahrelangen Arbeit als systemischer Paartherapeut habe ich erfahren, dass gerade das Fehlen von Liebe in der Beziehung zu großen Problemen und Missverständnissen führt. Kann man diesen Paaren die Aussage zumuten, dass es auch ohne Liebe eine erfüllte und glückliche Partnerschaft und Ehe geben kann? Dass die Freundschaft zwischen Mann und Frau mit einem gemeinsamen Lebensmittelpunkt, einer gemeinsamen Familie und gemeinsamen Freizeitunternehmungen möglicherweise ein viel natürlicheres und zeitgemäßeres Beziehungsverständnis ist? Vielleicht hilft der Ansatz, Liebe mehr als Konstrukt, als kulturelles Ritual zu verstehen, dabei, das Gefühl von Zuneigung und zeitweiligem sexuellen Begehren in der Partnerschaft nicht zu überschätzen und andere beziehungsstiftende Elemente in der Paarbeziehung mehr wertzuschätzen.

Eine Grundhaltung von Systemikern, zu denen ich mich zähle, ist Neugier. Ich werde nicht alle Fragen, die ich aufwerfe, beantworten können. Die wissenschaftliche Betrachtung der Liebe als facettenreiches partnerschaftliches Beziehungsphänomen kann noch nicht auf eine so lange Forschungsgeschichte zurückblicken. Zwar ist schon viel über die Liebe geschrieben worden, doch die begriffliche Unschärfe und Komplexität des Forschungsgegenstandes selbst machen es äußerst schwierig, Aussagen und Theorien darüber miteinander zu vergleichen. In diesem Buch will ich

mir erlauben, neugierig zu sein und querzudenken. Das Infra-
gestellen, die Dekonstruktion, das Spiel mit den Unterschieden
und Ambivalenzen, das Erfinden neuer Möglichkeiten kommt
auch in folgendem Satz zum Ausdruck, der Niklas Luhmann
zugeschrieben wird: »Wie es ist, ist es gut – nur dass es auch ganz
anders sein könnte.«

Ich bin gespannt, welche Perspektivwechsel die Infragestellung
des Phänomens Liebe zutage fördern. Ich will zu der Frage, wie die
Liebe überhaupt in die Paarbeziehung kam, Ideen und Hypothesen sammeln und eigene entwerfen. Ich versuche darzulegen, wie
ein ursprünglich religiöses, philosophisches Konstrukt zu einem
Ideal für jedermann werden konnte: Welche sozialen Umstände
führten dazu, dass sich die Liebe von einem göttlichen Prinzip
zu einem alltäglich erwarteten Beziehungsfaktor zwischen Mann
und Frau entwickelte? Oder ist die Liebe, wie wir sie jetzt glauben
zu erleben, lediglich eine marktwirtschaftliche Werbestrategie, in
der Produkte geschickt mit Gefühlen und Sehnsüchten verkoppelt
und dem Konsumenten glauben gemacht wird, diese tatsächlich
zu erleben? Vielleicht ist die Liebe nicht mehr als eine beträchtliche Manipulationsleistung?

Ich werde versuchen, verschiedene Facetten der Konstruktion
Liebe durch die Geschichte hindurch zu skizzieren. Ich möchte
aufzeigen, warum Liebe kein Grundgefühl, sondern ein Produkt
des jeweiligen Zeitgeistes in unterschiedlichen gesellschaftlichen
Zusammenhängen und Epochen ist. Liebe ist vielleicht allenfalls
eine Form des Glaubens und dabei sehr individuell. Mich interessiert die Antwort auf die Frage, warum viele Menschen, Paare an
diesem Glauben, an dieser Konstruktion festhalten, obwohl die
Liebe eines der flüchtigsten Erlebniszustände überhaupt ist. Wie
glaubt man an etwas, das nicht greifbar ist, und welche Vor- und
Nachteile hat es, wenn man den Glauben an die Liebe aufgibt?

Im Gegensatz zu einigen anderen Autoren habe ich keine
Lösungen anzubieten. Ich weiß nicht, wie man die Liebe wieder-
belebt, wenn sie einem Paar verloren geht. Das Buch ist also kein
Ratgeber – oder vielleicht doch? Ich weiß nicht, ob es überhaupt

nötig ist, zu partnerschaftlicher Liebe zu raten. Im Wesentlichen will ich mich auf das Stellen von Fragen, das Sammeln von Ideen, das Entwerfen von Hypothesen und deren Weiterentwicklung bescheiden.

Dank

Mein Dank gilt wie immer meiner Familie, insbesondere meiner Partnerin, die mir auch bei diesem Buchprojekt wieder mit ihren Ideen und Erfahrungen zur Seite stand. Ich bin froh, dass auch sie, mit der ich derzeit zwanzig Jahre in Familie mit nunmehr drei Kindern zusammenlebe, nicht an die romantische Liebe glaubt. So kann ich die Liebe hier in Frage stellen, ohne eine eigene Beziehungskrise befürchten zu müssen. Außerdem bedanke ich mich bei ihr für die jahrelange Freundschaft, die sie mit mir lebt und die uns Höhen und Tiefen in der Partnerschaft meistern und genießen ließ.

Das kann man ja auch mal so sehen

Als eher konstruktivistisch denkender Familien- und Paar-therapeut hatte ich schon immer leise Zweifel an dem, was wir allgemein in Paarbeziehungen und auch psychologisch unter Liebe zwischen erwachsenen Menschen verstehen und schein-bar verbindlich miteinander kommunizieren. Dabei nehmen wir insbesondere in der Partnerschaft und Ehe an, dass der Partner unter dem Begriff Liebe Ähnliches oder sogar das Gleiche ver-steht wie wir selbst. Diese kommunikative Anschlussfähigkeit eines Begriffs ist Voraussetzung, um sich gegenseitig die Liebe zu beteuern und die Frage »Liebst du mich?« seines Partners beantworten zu können.

Die Verwendung des Begriffs Liebe in Zusammenhang mit Paarbeziehungen ist so selbstverständlich, dass kaum jemand auf die Idee kommt, es könne sich dabei nur um ein Konstrukt, ein partnerschaftliches Gespinst oder eine gemeinsam entworfene Idee handeln. Auch scheint es abwegig, dass die Liebe als christli-ches Postulat lediglich erfunden wurde, um die Gläubigen zu mehr Keuschheit, Monogamie und zum Gebet zu bewegen, statt sich ungezügelt sexuellen Leidenschaften hinzugeben. Noch weniger können wir uns wohl vorstellen, dass sich die Wirtschaftsordnung der Liebe bediente, um uns Menschen zu disziplinieren und uns zu emsigen Arbeitern und Konsumenten zu entwickeln.

Liebe ist ein so selbstverständliches Produkt unserer Gesell-schaft, dass wir glauben, wir könnten sie besitzen oder sie uns verdienen. Wer an sich und an der Beziehung arbeitet, kann sich das Glück Liebe in der Partnerschaft erarbeiten und konservieren. Kann es sein, dass sich die Liebe wie ein Gegenstand zum Valen-tinstag mit einem Blumenstrauß kaufen und dann verschenken lässt? Umso trivialer es manchmal in diesem Zusammenhang zugeht, umso größer wird die Sehnsucht nach der wahren, der echten Liebe in der Beziehung.

Die Liebe in Frage zu stellen kommt einem Sakrileg gleich. Es wäre so, als würde man eine heilige Kuh schlachten, als würde man der Ehe ihren Zauber rauben. In der Vorbereitung zu die-sem Buch habe ich mit vielen Freunden über mein Vorhaben gesprochen und viele zeigten sich verwundert darüber, dass ich so etwas Selbstverständliches wie die Liebe überhaupt hinterfragen möchte. Im Januar 2011 erschien mein erster Beitrag zum Thema »Liebe in der Partnerschaft – Grundgefühl oder Konstruktion?« (Natho, 2011a) und die Resonanz darauf war vielseitig, kritisch-distanziert bis euphorisch-unterstützend. Ich bekam viele Hinweise und Anregungen, die ich hier mit verarbeite. Ein Gutachter der Zeitschrift schrieb mir im Vorfeld zu diesem Artikel, dass dieser wohl eher für Paartherapeuten und unerschrockene Paare geeignet sei, aber an den Kern der Dinge nicht herankäme. Er schlug hingegen vor, Liebe als eine Art Rahmen zu verstehen, der Orientierung in der Partnerschaft schenkt und in schwierigen Zeiten daran erinnert, wie es idealerweise in einer Beziehung sein könnte. Dieser Rahmen legitimiert manches, stellt Aufgaben und hilft bei der Einschätzung der Beziehungsqualität.

Das liest sich schlüssig, ist aber auch sehr traditionell gedacht. Nehmen wir an, die Liebe wäre so etwas wie ein Rahmen für die Paarbeziehung: Woraus besteht dieser Rahmen, wer setzt ihn und wo kommt er her? Und noch viel interessanter ist die Frage: Was wäre, wenn es diesen Rahmen nicht gäbe? Gäbe es dann keine Paarbeziehungen mehr, wären alle Paare ohne diesen Rahmen unglücklich, würden sie sich verlaufen in der Endlosigkeit der Paarbeziehungen? Auf was würden sie stoßen, wenn sie ziel- und orientierungslos umherliefen?

Viele Jahrhunderte lang glaubten die Menschen in verschiedenen Kulturen, die Erde wäre eine Scheibe. Als sie diesen Denkrahmen verließen, merkten sie, dass die Erde kugelförmig ist und man nicht herunterfallen kann, nicht einmal, wenn man sich auf der unteren Seite befindet. Damals setzte sich der Verstand durch, das Wissen siegte über den Glauben. Sind wir Menschen nicht eigentlich zu klug, um an die Liebe zu glauben?

Viele sagen, dass man an irgendetwas glauben muss, warum also nicht an die Liebe? Sie schadet ja keinem. Da bin ich mir nicht so sicher. Das Unglück, das im Namen der Liebe entsteht, ist mit Sicherheit nicht kleiner als das ihr zugeschriebene Glück.

Als Paarberater hört man öfter vom Unglück Liebe, beispielsweise dann, wenn die Ehefrau genau diese nicht ihrem Ehemann,
sondern vielleicht dem Nachbarn schenkt. Oder wenn man in
die Liebe investieren müsste, um sie zu erhalten, was vielleicht
zu anstrengend ist, weil man gerade etwas anderes vorhatte. Ich
behaupte, die Liebe, so wie viele sie gegenwärtig konstruieren,
macht unglücklich.

Manchmal gewöhnen sich Menschen an Ansichten und Hand-
lungsmuster und stellen sie nicht mehr in Frage. Werden diese
Vorstellungen von vielen geteilt, erwächst daraus erst eine Überzeugung, dann ein Glauben, später eine komplexe Religion und
wenn sich das Geglaubte im eigenen geglaubten Kontext bestätigt,
wird es zur absoluten Wahrheit. Eine Wahrheit, die sich immer
wieder selbst bestätigt, weil sie eben wahr ist. Mir fällt dazu eine
Geschichte ein, die Watzlawick gern ähnlich erzählte: Ein Mann
sitzt im Stadtpark auf einer Bank und klatscht alle paar Sekun-
den in die Hände. Ein Spaziergänger kommt vorbei und beobachtet das merkwürdige Verhalten des Mannes eine ganze Weile.
Schließlich tritt er an den Mann heran und fragt diesen nach dem
Grund seines seltsamen Verhaltens. »Entschuldigung, warum
klatschen Sie unaufhörlich in die Hände?« Daraufhin erwidert
der Mann auf der Parkbank: »Ich vertreibe so die Elefanten.«
»Elefanten?«, fragte der andere verwundert, »aber es sind doch gar
keine Elefanten da!« Darauf entgegnet der Mann: »Na, da sehen
Sie, wie es wirkt« (vgl. Watzlawick, 2004, S. 52).

Liebe: Ein modernes Märchen?

Fast alle Menschen in der aktuellen europäischen Kultur sind wohl davon überzeugt, dass es sie gibt, die Liebe, und so suchen sie sie. Wer sie nicht kennt oder leugnet, hat sie noch nicht gefunden, hat noch nicht den richtigen Menschen getroffen, der in ihm das Feuer der Liebe entfacht. Dabei wird das Verlieben als etwas konstruiert, was einem Menschen zufällt. Man begegnet einem anderen und es macht klick, man hat sich verliebt. Man ist getrieben vom Wunsch, diesem anderen so nahe wie möglich zu sein. So oder so ähnlich zeigen es Hunderte von mehr oder weniger kitschigen oder auch anspruchsvollen Liebesfilmen. In unserer Sehnsucht nach Nähe, Geborgenheit und Zustimmung zu unserer Persönlichkeit halten wir solche Geschichten für wahr. Anders als Märchen erzählen die Liebesgeschichten die volle Wahrheit, so glauben wir zumindest. Wenn so viele Menschen die Liebe suchen, dann muss es sie geben. Die Liebe, so scheint es, ist kein Märchen, sondern Realität.

Es ist schon ein Wunder, wie sich in einer aufgeklärten, wissenschaftlichen, technisierten Welt so ein Mythos wie die Liebe halten kann und mit welchem Erfolg er vermarktet wird. Sieder (2010a, 2010b, 2011) beschreibt sehr nachvollziehbar, wie sich verändernde Produktions- und Konsumformen die romantische Vorstellung von Liebe beeinflussen und sie zugleich für sich nutzen: »Selbst der zweckrationale moderne Kapitalismus kommt ohne neue Märchen nicht aus. Der Glaube an die romantische Liebe des heterosexuellen Paares ist eines davon« (Sieder, 2010b, S. 55). Fast scheint es, dass der Glaube an die Liebe in der Moderne eine Lücke füllt, die der christliche Glaube, der immer weniger Anhänger findet, hinterlässt.

Je größer die Zweifel an der Existenz Gottes, desto mehr wird die Liebe selbst zu einem Mysterium verklärt. Die Liebe ist an die

Stelle Gottes getreten, nicht Gott, sondern die Liebe führt nun
Mann und Frau zueinander und lässt sie ein Fleisch sein. Der
Liebe ist kein Ding unmöglich. Menschen konstruieren die Allmacht der Liebe, so wie sie einst die Allmacht Gottes konstruiert
haben. Man dient nicht mehr Gott, sondern der Liebe, in ihrem
Namen bindet man sich und trennt sich auch wieder: gerade so,
wo die Liebe eben hinfällt. Die Liebe ist ewig, so wie Gott einst
ewig war, sie trifft den Menschen mitten ins Herz, so wie Gott
einst die Menschen mitten ins Herz traf. Es war Gott, der den Tod
überwand, inzwischen ist auch die Liebe dazu in der Lage. Die
modernen Menschen glauben an die Kraft der Liebe.

Spiegelt der gegenwärtige Liebesdiskurs also die Sehnsucht
nach Spiritualität, nach religiösen Ritualen, die in einer technisierten, digitalisierten Welt rar geworden sind, wider? Sieht man
sich beispielsweise eine traditionelle, weltliche Hochzeit an, so
fällt auf, dass hier unzählige Rituale zelebriert werden. Es werden
Ringe getauscht, Gedichte aufgesagt, Lieder gesungen und Blumen gestreut. Luftballons steigen in die Luft, der Mann trägt die
Frau über die Schwelle und Kerzen werden entzündet. Das Paar
schneidet im Beisein der Gäste die Hochzeitstorte an und diese
beobachten sehr genau, wie das Paar diese Aufgabe löst. Denn
für die Zukunft des Paares soll wohl relevant sein, wer das Messer
führt und wessen Hand sich beim Anschnitt dominanter zeigt.
Welch ein Aufwand, wenn man bedenkt, dass auch diese Ehe wie
Tausende andere vielleicht nur fünf Jahre hält.

Vielleicht benötigen wir das Konstrukt von Liebe, das schöne
Märchen, das einiges verspricht: Verschmelzung, Dauer, Geborgenheit, Verständnis, Schutz und Nähe. Gerade weil es viel verspricht, ist eine Enttäuschung vorprogrammiert. Ich verstehe den
westeuropäischen Hochzeitskult jedoch nicht zwangsläufig als
Kompensationsmechanismus einer spirituell verarmenden digitalen Gesellschaft. Im Mittelalter, wie ich später zeigen werde, riss
die Kirche die Eheschließung, die einst außerhalb der kirchlichen
Kontrolle lag, an sich, um so mehr Einfluss auf die Gläubigen
zu haben. Inzwischen hängt das Eheglück für die meisten nicht

mehr vom Segen der Kirche ab. Viele Rituale tragen nun ein welt-
liches Gewand. Die Liebe, die in den Ritualen zelebriert wird,
ist dagegen nach wie vor Ausdruck des Glaubens an das Glück,
welches sich mit der Zweisamkeit einstellen soll.

Liebesfilme, Liebeslieder, Liebesromane und sogar die Werbung nähren unsere Sehnsucht nach sozialer Intimität, nach der
verschmelzenden vollkommenen Nähe und Geborgenheit. Wir
nehmen sie in unsere eigene partnerschaftliche Beziehungskons-
truktion und in die Konstruktion unserer Sehnsucht auf. Wie
aber kommt es, dass man von »Amors Pfeil getroffen« wird und
man sicher weiß: Den oder die muss ich haben, die oder der ist
für mich bestimmt? Ist es Mystik, Zufall, Bestimmung, göttliche
Fügung oder nur der Wolf im Schafspelz, also der Sexualtrieb, der
sich tarnt, um nicht gleich mit der Tür ins Haus zu fallen? Sich
zu verlieben ist schon Wunder genug, aber wir trauen der Liebe
noch mehr zu. Sie soll die Partnerschaftsbeziehung, die Ehe über
Jahrzehnte aufrechterhalten und gilt hierzulande als das wichtigste
Bindemittel für Paarbeziehungen.

Liebe: Plug and play?

Für die Vermarktung der Illusion der romantischen Liebe ist der Valentinstag ein gutes Beispiel. Der 14. Februar gilt in vielen Ländern als Tag der Liebenden. Der Überlieferung zufolge geht er auf einen Bischof namens Valentin, der im dritten Jahrhundert in Italien lebte, zurück. Er soll Paare getraut haben, die nach damaligem Recht nicht heiraten durften. Das kostete ihn den Kopf. Den Quellen nach wurde er am 14. Februar 269 unter anderem auch dafür hingerichtet. Da er wohl den Paaren, die von ihm getraut wurden, Blumen aus seinem Garten schenkte, freut sich heute der Blumen- und Süßwarenhandel Mitte Februar über einen besonders hohen Umsatz. Die Industrie bringt nun die einst christlichen Ideen und Konstrukte von Liebe an den Mann oder die Frau.

Die drastische Zunahme von Scheidungen, aber auch von Wiederverheiratungen zeigt, wie brüchig die Liebe und eine befriedigende Sexualität in der Partnerschaft inzwischen ist und wie schnell sich das Gefühl Liebe abnutzt, weil dieses künstliche, durch die Medien geprägte Konstrukt vielleicht zu wenig mit den tatsächlichen Höhen und Tiefen des Zusammenlebens von zwei Menschen zu tun hat.

Dennoch wird der Glaube an das spezielle Glück Liebe nicht aufgegeben. Während man sich das Ja-Wort gibt und sich ewige Treue schwört, gilt es, sich nicht von der Realität der fragilen wahren Liebe, der man im sozialen Umfeld auf Schritt und Tritt begegnet, einholen zu lassen. Wer weiß, wann sie sich in dieser schnelllebigen Welt davonschleicht und der Lust auf etwas Neues Platz macht? Wer weiß, wann der nächste persönliche Entwicklungsschritt ansteht und sich damit neue Möglichkeiten eröffnen?

Die moderne Liebe ist eine Plug-and-play-Liebe. Es geht um serielle Anschlussfähigkeit mit dem festen gegenseitigen Ver-

sprechen, nun endlich das optimale, genau auf unsere Bedürfnisse zugeschnittene Produkt zu bekommen. Der Anspruch und
die Hoffnung auf eine nächste, bessere Liebe bleiben häufig auch
nach dem Scheitern einer Beziehung bestehen. Man ist wieder
im Spiel, wenn man lernt, mit dem vorübergehenden Verlust der
Illusion umzugehen, ohne dabei die Liebe selbst abzuwerten oder
gar endgültig zu verwerfen: »Stattdessen wird die abgelaufene
Partnerschaft, der Partner und auch die mit diesem Partner ver-
brachte Zeit abgewertet. Diese Abwertung passt zur Abwertung
aller anderen vernutzten Konsumgegenstände« (Sieder, 2011).

Neues Spiel bedeutet neue Chancen auf den Hauptgewinn. Nur
wenn man den Glauben an das Unmögliche aufrechterhält und
die Brüchigkeit der Liebe verdrängt, kann man ohne größeren
Installationsaufwand, eben »plug and play«, wieder vom großen
Glück träumen. Blumen- und Autohändler, Wohnungsmakler,
Rechtsanwälte, Paartherapeuten, Ratgeberautoren und die Schön-
heits-, Film- und Musikindustrie versorgen uns mit Hilfsmitteln
und Tipps, wie es das nächste Mal auf jeden Fall besser gelingt.
Man denke nur an die Werbung für ein Spülmittel aus den 1990er
Jahren: »So muss ein Glas aussehen, dann klappt's auch mit dem
Nachbarn.«

In der heutigen Zeit leben Mann und Frau in der westlichen
Welt ihren Sexualtrieb aus, nicht selten lässt sich ein ähnliches
Verhalten diesbezüglich beobachten wie beim Essen und Trinken.
Man wählt aus einer großen Vielfalt von Angeboten aus, genießt
die Produkte, bis sie verbraucht sind, und ersetzt sie dann durch
frische. Der Qualitätsgedanke ist jedoch auch bei der Sexualität
nicht verloren gegangen, die Liebe gilt vielen als Qualitätssiegel.
Tritt sie in Verbindung mit körperlicher Anziehungskraft auf,
dann glauben viele Menschen, das große Los gezogen zu haben.

Doch leider, das zeigen die Scheidungszahlen, die seit einigen
Jahren auf hohem Niveau leicht rückläufig sind, gibt es für viele
Ehen nicht einmal eine zehnjährige Garantie auf Durchrostung.
Viele Paare heiraten gar nicht mehr, sie meiden die Institution
Ehe, unter anderem, um den mit einer Trennung verbundenen

juristischen Komplikationen aus dem Weg zu gehen. Die meisten Partnerschaften erreichen nicht einmal das verflixte siebente Jahr, im vierten bis sechsten Jahr werden prozentual die meisten Ehen geschieden. Inzwischen steht wohl mancher Tiefkühlschrank mit einer durchschnittlichen Lebensdauer von 15 bis 18 Jahren länger in einem Haushalt, als sich der gleiche Partner oder die gleiche Partnerin in ein und derselben Wohnung aufhält. Es ist in diesem Zusammenhang zumindest bedenkenswert, welchen zeitlichen und emotionalen Aufwand Menschen betreiben, um den richtigen Partner, die richtige Partnerin zu finden, um dann nach ein paar Jahren festzustellen, dass es wohl doch keine Liebe war.

Es scheint abwegig, eine Liebesbeziehung mit der Beziehung zu einem Tiefkühlschrank zu vergleichen, doch auch andere Autoren (z. B. Levold, 2003) stellten fest, dass Beziehungen immer mehr mit Unternehmens- oder Produktmetaphern konstruiert werden. So muss man an einer Partnerschaft, vor allem aber an der Liebe arbeiten, man muss sie frisch halten und pflegen. Wenn es eine Störung gibt, sollte man sie gründlich durchsprechen und beheben. Hatte man früher eine Meinungsverschiedenheit oder einfach einmal schlechte Laune, weil sich vielleicht die Schwiegermutter für das Wochenende angemeldet hat, werden Partnerschaftskonflikte heute oft selbst von Fachleuten als Mobbing in der Liebe interpretiert und psychoanalytisch gedeutet (Schmidbauer, 2009b). Diese Form des Konfliktmanagements und andere Ansprüche schrecken viele Menschen ab, die Zahl der Singles, vor allem in den deutschen Großstädten, steigt weiter an. Als Single erspart man sich die aufreibende Beziehungsarbeit, kann weiter von der großen Liebe träumen und hier und da sexuelle Abenteuer erleben, ohne gleich einen Wartungsvertrag über mehrere Jahre abschließen zu müssen.

Liebe: Auf- und Abwertung der Partnerschaft

Liebe, so glauben viele Menschen, ist ein Geschenk und wenn man es hat, dann muss man es mit gegenseitiger Aufmerksamkeit erhalten, so steht es in vielen Ratgebern. Darum bringen liebende Männer ihren Frauen Blumen mit und im Gegenzug bekochen viele Frauen ihre Männer, denn Liebe geht ja bekanntlich durch den Magen. Die Liebe soll nach Meinung einiger Autoren die partnerschaftliche Sexualität vervollkommnen. So meint Lauster beispielsweise: »Sexualität wird erst durch die Liebe schön und beglückend« (Lauster, 1992, S. 237).

Hier stellt sich die Frage, wie die Liebe das macht? Ist Sexualität mit Liebe denn zärtlicher oder weniger aggressiv? Was ist mit ihr anders und ist das überhaupt wünschenswert? Ich bezweifle, dass Sexualität ohne Liebe weniger orgiastisch und erfüllend ist. Auch vermute ich, dass sexuelles Wohlbefinden und die Art und Weise der sexuellen Handlungen, die einem Menschen Freude bereiten, individuell sehr unterschiedlich sind und wohl weniger von seiner Liebesfähigkeit als von seiner Persönlichkeit, seiner körperlichen und emotionalen Konstitution und seinen Fantasien abhängig sind. Ich vermute, wenn es die Liebe nicht gäbe, dann würde die Sexualität den Menschen nicht weniger Spaß machen. Sind solche Formulierungen vielleicht Versuche unserer Kultur, den Fortpflanzungstrieb, der so wenig Erhabenes hat, kulturell aufzuwerten, weil man sich sonst der menschlichen Triebhaftigkeit schämen müsste? Und in der Tat, Sexualität ist ein Zugriff auf den anderen, sie bedeutet das Überschreiten einer Scham- und Körpergrenze und trotzdem bereitet sie den meisten Menschen Genuss.

Viele Paare glauben an die Aufwertung der Sexualität durch die Liebe und streben dieses Gefühl im Miteinander an. Sie sind davon überzeugt, dass sich die Beziehung leer anfühlt, wenn die

Liebe zueinander fehlt, und sie suchen Hilfe beim Paartherapeuten. Ich schätze aus eigener Erfahrung als Paartherapeut ein, dass rund ein Drittel aller Beziehungsprobleme mit dem Fehlen von Liebe erklärt werden. Ein weiteres Drittel der Paare führt fehlende sexuelle Anziehung als Ursache ins Feld. Beide Ursachenzuschreibungen hängen oftmals zusammen: ohne Liebe keine Sexualität bzw. ohne Sexualität keine Liebe. Für viele Paare lässt sich dieser Zusammenhang nicht lösen. Das restliche Drittel partnerschaftlicher Problemkonstruktion hängt damit zusammen, dass die Partner sich nicht ausreichend gegenseitig unterstützt fühlen, dass sie unterschiedliche Erziehungsprioritäten setzen, Geldprobleme haben oder tatsächlich von der Persönlichkeit her nicht zusammenpassen.

Gelingt es aus eigener Kraft oder mit Hilfe eines externen Beraters nicht, das Feuer der Liebe wieder zu entfachen, lösen sie das Problem des unerfüllten Beziehungsideals mit Trennung und gehen zum Scheidungsanwalt. Den Glauben an die Liebe, obwohl sie schon oft von ihr enttäuscht wurden, geben die wenigsten auf. Stattdessen suchen sie in neuen Beziehungen nach der Erfüllung ihrer Liebessehnsucht. Es kann jedoch nützlich sein, nicht nur den Partner für das Fehlen der Liebe verantwortlich zu machen, sondern auch den eigenen Glauben in Frage zu stellen. Muss ich denn unbedingt lieben oder so lieben, wie mir das meine Umwelt, die Medien, das Kino, die Werbung vorgibt? Vielleicht kann ich noch immer auch andere Männer und Frauen interessant und reizvoll finden, muss aber deswegen die eigene derzeitige Beziehung nicht abwerten oder sie gar als verschlissen ausmustern. In unserer Zeit sind Zweifel an der Liebe durchaus angebracht und sie können Paaren helfen, die Zeit miteinander zu genießen und zusammenzubleiben. Es ist schon viel schwieriger, sich zu trennen, wenn man sich gegenseitig nicht herabsetzt.

In der Therapie erzählen Paare Geschichten darüber, wie sie sich auseinandergelebt haben oder wie ihnen die Liebe verloren gegangen ist. Hier gibt es zwei grundsätzliche Konstellationen: die Liebe geht einseitig oder beidseitig verloren. Einseitig heißt, ein

Partner glaubt, ihm sei die Liebe zum anderen abhanden gekommen. Sie vermutet, dass ihm die Liebe zu ihr verloren gegangen ist, während er behauptet, sie noch zu lieben. Diese Verlustkonstruktion kommt umgekehrt vermutlich genauso häufig vor, nämlich dass er vermutet, dass ihr die Liebe zu ihm verloren gegangen ist, während sie sich ihm nach wie vor liebend verbunden fühlt. Bei der ersten Variante des einseitigen Verlustes führt die Initiative der Frau in die Paartherapie, bei der zweiten vereinbart der Mann den Termin beim Therapeuten und bringt seine Frau mit. Die Initiative zur Paartherapie geht meiner Einschätzung nach zehn Mal häufiger von der Partnerin als vom Partner aus.

Beim einseitigen Verlust der Liebe entwickelt das Paar viel häufiger gegenseitiges Misstrauen und deutet das Verhalten und die kommunikativen Angebote des anderen oft falsch: »Das sagst du doch nur, weil du darüber hinwegtäuschen willst, dass du mich nicht mehr liebst!« Oder: »Was ich auch sage, du legst alles auf die Goldwaage.« Oder: »Ich kann mich verhalten, wie ich will, dir kann man es einfach nicht recht machen!« Die Kommunikationsbeispiele ließen sich endlos fortsetzen: »Ich weiß, dass du mich nicht mehr liebst, sonst würdest du dich anders mir gegenüber verhalten.« Wie man sich verhalten muss, dass die Liebe erkennbar wird, bleibt offen. Ist der Zweifel erst einmal konstruiert, kann der andere nur Fehler machen. Haben sich erst einmal Vorbehalte in der Beziehung eingenistet, ist die rosarote Brille längst verloren gegangen, Eintrübungen verhindern, dass man den anderen idealisiert.

Ist beiden Partnern die Liebe verloren gegangen, dann muss in der Regel die Frage beantwortet werden, welchen Zweck die Beziehung der beiden noch haben kann. In der Paartherapie wird nach einem anderen, neuen Sinn gesucht. Dieser Prozess ist nicht immer einfach, denn das Paar möchte meist erst einmal die alte Verbundenheit zurückgewinnen. Üblicherweise versuchen nun viele Therapeuten, gemeinsam mit dem Paar die Liebe neu zu konstruieren. Ich habe mit dieser Beratungsstrategie keine guten Erfahrungen gemacht, denn meist sitzen die auf Grund des vorangegangenen Misstrauens hervorgerufenen gegenseitigen Kränkungen so tief, dass es sehr schwer fällt, sich gegenseitig zu vergeben.

Konstruktionen vom Verlust der Liebe lassen die Beziehung problematisch erscheinen. Sie verändern die Wahrnehmung füreinander und senken die Partnerschaftszufriedenheit. Kaum ein Paar würde wohl untereinander und auch nach außen hin Freunden gegenüber offen zugeben: »Wir lieben uns nicht, doch das macht nichts, denn wir sind aneinander gewöhnt, die Kinder und das Geld halten uns zusammen und wir sind zufrieden damit.« Die Qualität einer solchen Beziehung und der ihr innewohnenden Zufriedenheit würde vermutlich hinter dem Rücken des Paares von den Freunden in Frage gestellt werden. Da erwartet man schon mehr von einer Partnerschaft. Auch Paartherapeuten und Psychologen würden einer Beziehung, die auf Gewohnheit, Kinderbetreuung und gegenseitiger sozialer Versorgung basiert, in der Regel eine geringe Partnerschaftszufriedenheit unterstellen.

Wenn man an die Liebe glaubt, ist es schwer in einer Partnerschaft ohne sie zu leben. Andere Bindungsparameter werden vor dem Hintergrund der fehlenden Liebe sogar oft abgewertet: »Wir lieben uns nicht mehr, uns verbinden nur noch die Gewohnheit, die Kinder, das Haus, das Geld.« Die fehlende Liebe verleitet viele Paare dazu, andere wertvolle Dinge, die sie miteinander haben, kaum noch wertzuschätzen. Aus paartherapeutischer Sicht scheinen hier Fragen, Konstruktionen und Erklärungen nützlich, die die Bedeutung von der An- oder Abwesenheit der Liebe relativieren.

Ich kann mir vorstellen, dass die meisten langjährigen Partnerschaften und Ehen nicht durch die Liebe zusammengehalten werden. Doch offensichtlich gehört es zum Selbstverwirklichungsideal eines jeden Menschen, geliebt zu werden bzw. zu lieben oder zumindest so zu tun, als ob diese Option in Ansätzen besteht, um die Illusion aufrechterhalten zu können. Was ist Liebe? Eine kulturelle Seifenblase, die jedoch zu platzen droht wie Aktien an der Börse einbrechen, wenn sie zu hoch gehandelt wurden und die

Anleger den Glauben an den Gewinn verlieren? Oder ist Liebe ein elementares, angeborenes Grundgefühl, verankert in den menschlichen Genen, um Mann und Frau zueinanderzuführen und sie auf Lebenszeit als Paar aneinander zu binden? Oder ist die Liebe weder das eine noch das andere und brauchen wir sie, um uns in Paarbeziehungen gut zu fühlen?

Liebe: Grundgefühl versus Konstruktion

Peter Lauster, ein viel gelesener Autor und Psychologe, meint: »Die Liebe ist nicht mit dem Intellekt erfassbar« (1992, S. 240). Dennoch gibt es unzählige wissenschaftliche, philosophische und psychologische Versuche, Liebe zu definieren und sie zu verstehen. Einige ausgewählte Versuche werden im Buch dargestellt. Doch alle bleiben unvollständig und werfen, wenn man den Rahmen der Betrachtung nur ein wenig verschiebt, Zweifel an der Richtigkeit solcher Definitionen auf. Und so stellt sich die Frage: Gibt es die Liebe als Grundgefühl tatsächlich oder erschafft sich die Liebe selbst und macht damit das Unwahrscheinliche möglich (Luhmann, 1999)? Oder ist die Liebe ein religiöses Phänomen und man muss nur fest genug an sie glauben, um sie tatsächlich zu fühlen?

Dann ist es vielleicht so, wie Ovid in seiner Liebeskunst bereits vor 2000 Jahren schrieb (1968): »Rede dir ein, du liebst, wo du nur flüchtig begehrest. Glaub es dann selbst […]. Aufrichtig liebt, wem's gelang sich selbst in Feuer zu sprechen.« Ist das die Anleitung zum Glücklichsein, das ovidsche Prinzip, das Watzlawick (2004, S. 38) zitierte, um deutlich zu machen, welche sich selbst erfüllende Kraft in unserer Fantasie, in unserem Glauben steckt? Oder ist die Liebe tatsächlich ein elementares Grundgefühl, gebunden an komplexe neuronale Reaktionen des limbischen Systems? Führen die neuronalen Erregungen Menschen zusammen und die gleichen Muster dazu, dass Paare dauerhaft zusammenbleiben?

Im Folgenden werde ich einige neurobiologische und entwicklungspsychologische Erkenntnisse und Annahmen darstellen, um zu zeigen, dass Liebe eine Erfindung unseres Geistes ist. Die Fähigkeit zur Erfindung beruht zwar auf neuronalen Prozessen, der Inhalt der Erfindung aber bleibt einer von vielen Versuchen des Menschen, dem Leben einen übergeordneten Sinn zu verleihen. Die Theologie benutzt dafür das Wort Transzendenz und meint das geistige Überschreiten einer natürlichen menschlichen Grenze. Das Ich ist begrenzt, der Körper und das eigene Leben sind begrenzt. Doch dadurch, dass sich der Mensch auf etwas, das außerhalb von ihm existiert und das er für größer und mächtiger hält als sich selbst, transzendiert, kann er geistig und nicht selten auch gefühlsmäßig seiner Begrenzung entfliehen. Vereinfacht heißt das: »Ich bin sterblich, doch ich kann mich als Wesen mit Seele konstruieren, und diese Seele ist in Zusammenhang mit verschiedenen religiösen Vorstellungen unsterblich.«

Mit Hilfe der Konstruktion Liebe sind wir in der Lage, natürliche Grenzen geistig zu überschreiten. So kann uns die Liebe über den Tod hinaus mit Menschen verbinden, die wir im Rahmen unseres Alltags, unseres Lebens als bedeutsam erachten. Mittels der Liebe können physiologische, räumliche und zeitliche Grenzen überwunden werden. Sind Liebende voneinander getrennt, glauben sie sich im Geist verbunden. Sie fühlen angeblich, ob es der bzw. dem Liebsten in der Ferne gut geht oder ob sie bzw. ihn ein Unglück ereilt hat. Manche Liebende glauben auch, sich im Jenseits, nach dem Tod wiederzubegegnen. Das ist für viele tröstlich, doch dafür reicht selbst unsere Vorstellungskraft nicht aus. Auch zu glauben, jemand wäre ganz speziell für uns geschaffen und irgendwann werde man diesem begegnen, ist gewisserweise Transzendenz. Eben dafür benötigen wir unser Bewusstsein, welches an neuronale Prozesse gebunden ist.

Neurobiologische Erkenntnisse sind letztlich ebenfalls nur eine Konstruktion. Schließlich sehen wir bei einer funktionellen Magnetresonanztomografie grob vereinfacht lediglich eine partielle Durchblutungsveränderung in einigen Hirnarealen, doch was sie bedeutet, können wir nicht mit Gewissheit sagen. Das Gehirn arbeitet in einigen Bereichen intensiver als in anderen, aber es verrät uns nicht, warum. Hier sind Neurobiologen auf Hypothesen und Vermutungen angewiesen, die den Hirnaktivitäten bei bestimmten Versuchen eine Bedeutung zuschreiben.

Allerdings lassen sich Aktivitätsmuster verschiedener Versuchsreihen vergleichen und man kann feststellen, dass das Gehirn bei Stress ähnlich reagiert wie bei sexueller Erregung (Roth, 2003, S. 365 ff.). Ist das Verliebtsein neurobiologisch betrachtet vielleicht nicht mehr als ein länger anhaltender Stresszustand, ausgelöst durch den Sexualtrieb und das Begehren, diesen schnellstmöglich zu stillen? Im Vergleich zu anderen neuronalen Mustern, die beim Erleben von Affekten auftreten, erkannten Wissenschaftler auch, dass Liebe neurologisch gesehen nicht die gleiche Qualität wie Angst oder Ärger aufweist. Obwohl sich die Affekte, Emotionen und Stimmungen neurobiologisch kaum voneinander unterscheiden lassen, zeigen sich eindeutige neuronale Muster im Zusammenhang mit Sexualität, aber keine konstanten Muster für die Liebe. Dieser Aspekt wird noch ausführlicher diskutiert.

Im Folgenden werden einige Hypothesen dargestellt, die die Vorstellung von der Liebe als ein Grundgefühl und Partnerschaftsideal dekonstruieren. Ich habe in einigen Veröffentlichungen (z. B. Natho, 2007), ohne dies näher zu begründen, die weit verbreitete Auffassung der differenziellen Emotionstheorie von Paul Ekman vertreten, dass Liebe als ein angeborenes Grundgefühl zu verstehen ist. Inzwischen bin ich jedoch zu der Überzeugung gelangt, dass es zwar bindungsähnliche Zustände (Natho, 2009) in langjährigen Partnerschaften gibt, aber keine Liebe im herkömmlichen Verständnis.

Liebe: Ein frühkindliches Bindungsmuster

Liebe ist der Oberbegriff für viele Formen von Beziehungen. Ein Begriff, der sowohl andauernde, sich mit einem Partner immer wiederholende Liebe als auch das Verliebtsein in Bezug auf partnerschaftliche Beziehungen ausdrückt. Liebe ist außerdem ein Oberbegriff für die Fürsorge und Pflege, die Eltern ihren Kindern zuteil werden lassen, und für die emotionale Bindung, die Kinder ihren Eltern gegenüber empfinden. Es gibt Autoren, die glauben, dass die Liebe zwischen erwachsenen Menschen eine Fortführung der Liebe ist, die Kinder von ihrer Mutter bzw. von ihren Eltern erfahren haben. Die partnerschaftliche Liebe erlaubt uns, den Verlust der hochintensiven Eltern-Kind-Bindung zu kompensieren und ihn auf einen Geschlechtspartner zu projizieren, so beschreibt es Precht (2009, S. 365) sinngemäß. In diesem Sinne wäre die Liebe zwischen Erwachsenen zwar ein unordentliches Gefühl, also »ein Nebenprodukt unserer emotionalen Intelligenz« (S. 365), aber als Fortführung der Liebe zu den Eltern ein Grundgefühl, so vermutet Precht.

Die Eltern-Kind-Bindung wurde kulturgeschichtlich zunächst als Mutterliebe beschrieben. Dies ist eine Fürsorgefähigkeit, die man bis weit ins 20. Jahrhundert hinein ausschließlich der Mutter zuschrieb. Man nahm an, dass diese starke gefühlsmäßige Bindung der Mutter zu ihrem Kind mit der Geburt und dem anschließenden Vorgang des Stillens bzw. der körpernahen Fütterung zusammenhängt. Heute wissen wir, dass der Fürsorgetrieb und die Stillfähigkeit einer Mutter unter anderem sehr wesentlich vom Botenstoff Oxytocin abhängen. Dieses Bindungshormon wird beim Erwachsenen durch den Körperkontakt mit dem Säugling im Gehirn produziert, wirkt direkt auf die Amygdala und führt zu angenehmen und lustvollen Empfindungen im Umgang mit dem Kind.

Oxytocin spielt insbesondere für die Bildung von Mutter-
milch eine große Rolle, es wirkt darüber hinaus insgesamt auf das
Nervensystem beruhigend und stressreduzierend. Auch Väter, so
wurde inzwischen festgestellt, produzieren bei körperlichen Kon-
takten mit ihren Kindern dieses Bindungshormon und fühlen sich
so stärker zu ihnen hingezogen (Bauer, 2007, S. 66). Interessant
ist auch, dass die Konzentration von Oxytocin im Blut während
des Geschlechtsverkehrs und bei anderen zärtlichen Interaktionen ebenfalls zunimmt. Das Hormon bewirkt im Zusammenspiel
mit anderen Hormonen und neuronalen Netzwerken ein Vertrautheitsgefühl und verstärkt den Wunsch nach sozialer Nähe
(Wilhelm, 2009).

Man hat unter anderem festgestellt, dass das Gehirn einer in
Amerika monogam lebenden Präriewühlmaus sehr viel mehr
Oxytocinrezeptoren aufweist als das der artverwandten Rocky-
Mountains-Wühlmaus. Blockiert man die Rezeptoren experimen-
tell, dann zeigen die Präriewühlmäuse im Labor ein sexuell ebenso
ausschweifendes Leben wie ihre Verwandten aus den Rocky
Mountains. Ist das ein Beleg dafür, dass Oxytocin zu dauerhafter
Treue führt, und ist dieses Ergebnis auf die partnerschaftliche
Liebe von Menschen übertragbar? Ich glaube nicht. Eine höhere
Dosis Oxytocin macht zwar vertrauensselig und zugewandter,
aber sie definiert beim Menschen nicht eindeutig, wem gegenüber. Es ist mit Sicherheit chemisch gesehen das gleiche Hormon,
das freigesetzt wird, wenn eine Frau ihr Kind liebkost, wenn sie
Sexualität mit dem Vater des Kindes erlebt oder wenn sie sich eine
weitere sexuelle Interaktion mit ihrem Geliebten erlaubt. Oxytocin bleibt Oxytocin, es entspannt uns auch in anderen sozialen
Interaktionen.

So führt allgemein jede Form angenehmen Hautkontakts
mit anderen Menschen oder eine Massage im Wellnessstudio
zu einer verstärkten Ausschüttung von Oxytocin, welches das
Stresssystem reguliert. Eine Massage wirkt eben entspannend
und signalisiert insbesondere der Amygdala »Hier musst du
dich nicht ängstigen, du kannst vertrauen.« Auch andere Sinnes-

eindrücke wie Wärme oder angenehme Gerüche unterstützen
die Produktion von Oxytocin. Da, wo es kuschelig warm ist,
wo man etwas Gutes zu essen bekommt, fühlt man sich wohl,
mit anderen Worten: wie bei Muttern. Solche Situationen laden
ein, zu verweilen und sich auszuruhen, sie wirken beruhigend.
Vielleicht ist dies eine Erklärung für das bekannte Sprichwort:
»Liebe geht durch den Magen.« Es gibt jedoch meines Erachtens
keinen zwingenden Zusammenhang zwischen einer hohen Oxy-
tocinproduktion und partnerschaftlicher, sexueller Treue beim
Menschen. Das mag bei Wühlmäusen, deren soziale Interaktionen im Labor stark beeinflusst wurden, anders sein.

Die emotionale Bindung des Kindes zur Mutter bzw. zum
Vater wurde mit der Elternliebe jedoch nicht ausreichend
erklärt. Dieses Phänomen beforschte man zunehmend nach dem
Zweiten Weltkrieg. Er zerstörte wie keine andere Katastrophe
Familien, Ehen und Eltern-Kind-Beziehungen und hinterließ
unzählige Waisen, deren psychologische Situation in der Nach-
kriegsgesellschaft verstärkt zum Forschungsgegenstand wurde.
Ein Pionier auf dem Gebiet der jüngeren Bindungsforschung
war der Kinderpsychiater John Bowlby. Sein Name ist noch
heute eng mit modernen Konzepten der Bindungsforschung
verknüpft. Er beobachtete in seiner Praxis immer wieder, dass
Kinder, die der Bindung zu ihren Eltern beraubt oder aus ihrer
Herkunftsfamilie herausgerissen waren, oft nur einen Wunsch
hatten: so schnell wie möglich wieder zur Mutter bzw. ins Elternhaus zurückkehren zu können.

Bowlby ging der Frage nach, worin der Sinn dieser engen
emotionalen Bindung besteht und welche Umstände zu einer so
intensiven Bindung führen. Er stellte wie auch andere Bindungsforscher fest, dass emotionale Wärme, körperlicher Kontakt und
eine wohlwollende Fürsorge von Eltern ihrem Säugling gegenüber das psychische System des Kindes positiv und nachhaltig
prägen. Diese frühkindliche Prägung führt zu einer dauerhaft
anhaltenden Bindung des Kindes den Eltern gegenüber. Als Psychoanalytiker erklärte sich Bowlby diese Prägung als komplexen

Prozess der Internalisierung. Hierbei wird das Objekt, die Mutter und im weiteren Sinn die mit ihr erfahrene Beziehung vom Kind ins eigene psychische System übernommen und dient fortan als ein inneres Kriterium zur Bewertung von eigenen und fremden Beziehungen. Eine Art internes Arbeitsmodell entsteht, welches über die Bindung zu den Eltern hinaus Auswirkungen auch auf die Wahl des späteren Partners haben soll (Bowlby, 1991, 2001).

Das Konzept eines internen Arbeitsmodells als Basis für die spätere Beziehungsgestaltung wird von verschiedenen Forschungsergebnissen der modernen Neuropsychologie gestützt. In den ersten Lebensjahren wird im Gehirn ein emotionales Gedächtnis angelegt und neuronal verknüpft. Die im emotionalen Gedächtnis gespeicherten Reaktions- und Verhaltensmuster sind unter anderem das Resultat frühkindlicher Beziehungs- und Bindungserfahrungen. Neuronal verorten lässt sich das emotionale Gedächtnis im Wesentlichen im limbischen System, das in enger Beziehung zum vegetativen Nervensystem steht. Das vegetative Nervensystem bildet zugleich die Grundlage für ein körperbezogenes affektives und emotionales Erleben (Roth, 2003, S. 257). Eine besondere Rolle spielt hierbei die Amygdala. Sie weist in den ersten Lebensjahren, wie auch andere Bereiche des limbischen Systems, eine äußerst hohe Plastizität auf. Sie passt sich dem sozialen und emotionalen Klima ihrer Umwelt an und reagiert direkt auf Reize der Außenwelt.

Im Zusammenspiel mit anderen neuronalen Systemen wie beispielsweise dem Hippocampus oder dem Hypothalamus entwickelt sie spezifische Bewertungs-, Schutz- und Zuwendungsmechanismen und verschweißt diese nach und nach neuronal bis zur Ausreifung des limbischen Systems (bzw. der Amygdala) um das fünfte bis sechste Lebensjahr herum. Es entsteht eine relativ stabile und dauerhafte neuronale Architektur des limbischen Systems, in der typische Reaktions- und Verhaltensmuster auf Reize gespeichert sind. Die emotionale Bewertung von Reizen und die darauf gerichteten Verhaltensmechanismen werden zu einem festen Bestandteil der Persönlichkeit und bestimmen im hohen Maße unsere partnerschaftliche Anschlussfähigkeit. Das so entstandene Persönlichkeitsprofil entscheidet mit, an wen wir uns später binden und wie lange.

Verliebtheit: Die Vorstufe zur Liebe?

Liebe ist eine sehr vielseitig angewandte Idee. Die Hinwendung zu sich selbst, zum Kind, zum Partner, sogar Beziehungen zu materiellen Gegenständen werden mit Liebe umschrieben. So kann man ein Liebhaber guter Weine oder schneller Autos sein. Auch auf die Gefahr hin, einen alten Hut hervorzuzaubern, scheint es mir an dieser Stelle geboten, den Unterschied zwischen Liebe und Verliebtheit darzustellen. Während Liebe ein Zufallsprodukt, ein »Spandrel« (Precht, 2009) ist, zeichnet sich die Verliebtheit durch andere Merkmale aus.

Die Verliebtheit steht dem Sexualtrieb wahrscheinlich näher, als wir denken. Dennoch ist die Verliebtheit, wenngleich sie mit intensiven körperlichen und neuronalen Reaktionen einhergeht, in gewisser Weise eine kulturelle Konstruktion. Die Verliebtheit veredelt den Sexualtrieb bzw. das sexuelle Verlangen. Das Werben um einen Partner wird mit der Verliebtheit aggressiver und zielgerichteter. Die Wahrnehmung des Verliebten wird auf einen bestimmten Partner hin eingeengt, die »rosarote Brille« hilft, negative Eigenschaften des potenziellen Sexualobjekts auszublenden. Die Idealisierung des anderen verstärkt die Fokussierung und die Konzentration auf die Eroberung des Sexualpartners. Ich denke, dass es hier zwischen Männern und Frauen keinen relevanten Unterschied gibt. Lediglich das mit der Eroberung verbundene Verhalten oder die Idealisierungsparameter weichen aus kulturgeschichtlichen Gründen voneinander ab.

Hat der neuronale und emotionale Zustand der Verliebtheit zum Ziel geführt, nimmt er in der Regel nach wenigen Wochen wieder ab. Das hat neurologische Gründe. Unser affektiv-emotionales System reagiert vor allem auf neue, unbekannte Informationen, weil unser Gehirn auf Unterschiede reagiert und in erster Linie Unterschiede verarbeitet (Roth, 2003, S. 310 ff.). Umso

vertrauter uns eine Situation, ein Partner ist, desto weniger affek-
tiv reagieren wir auf ihn. Soll die Beziehung dennoch aufrechterhalten werden, ist eine Konstruktion von gemeinsamer Liebe
notwendig. Im Rahmen dieser nützlichen Konstruktion kommt
es am Anfang öfter und später dann weniger zur gemeinsamen
Sexualität. So lassen sich die neuronalen und emotionalen Muster
der Verliebtheit auffrischen und in den nicht zwingend notwendi-
gen Zusammenhang mit Liebe stellen. Erfüllte Sexualität erleich-
tert die Konstruktion von Liebe. Aber auch ohne Sexualität und
frühen Verliebtheitserfahrungen lässt sich eine gemeinsame Liebe
konstruieren, wie das Phänomen der platonischen Liebe zeigt.

Der Einfluss des Sexualtriebs auf das Erleben von Verliebtheit und Liebe ist also unterschiedlich groß. Ich wage einmal
einen nicht durch Studien belegten prozentualen Vergleich, wohl
wissend, dass solche Vergleiche in ihrer Genauigkeit immer zu
hinterfragen sind. Das Gefühl der Verliebtheit ergibt sich meiner
Ansicht nach aus einer Erregung im Zusammenhang mit sexuellem Verlangen sowie der Unsicherheit und Angst, die erlebt wird,
wenn Menschen sich in neue, noch unbekannte soziale Interaktionen begeben. Der Einfluss des Sexualtriebs auf das Gefühl von
Verliebtheit liegt dabei vielleicht bei 70 %, während die Angst und
Unsicherheit in für den Betroffenen neuen sozialen Interaktionen
das emotionale Erleben möglicherweise zu 30 % beeinflussen. Das
Verhältnis kann abhängig von der Persönlichkeit des Verliebten
variieren. Beide Faktoren rufen einen Stresszustand hervor, der
auf Grund der zu erwartenden Belohnung als angenehm erlebt
wird.

Die Liebe, die viele Paare glauben auch noch nach vielen
Beziehungsjahren füreinander zu empfinden, setzt sich anders
zusammen und ist auch stärker vom Alter abhängig. Ich vermute,
dass sich das Empfinden von Liebe in langjährigen Partnerschaften nur zu rund 20 bis 30 %, vielleicht auch noch weniger, aus
dem Sexualtrieb speist. Dieser Wert wird mit zunehmendem Alter
der Partner sinken, wie auch die Intensität des Sexualtriebs mit
dem Älterwerden des Menschen nachlässt. Ist das Paar außerdem

noch in einer gemeinsamen Elternschaft verbunden, so werden der Fürsorgetrieb bzw. die emotionale Bindung zu den Kindern und die gemeinsame Erziehungssituation in der Familie weitere 20 bis 30 % der füreinander empfundenen Liebe einnehmen. Die noch verbleibenden 40 bis 60 % sind an das positive Erleben von Gewohnheit im Umgang miteinander gebunden. Voraussetzung ist natürlich, dass die Gewohnheit in der Partnerschaft nicht abgewertet wird. Es ist ein Irrtum zu glauben, dass die Gewohnheit für unser Nervensystem völlig reizlos und unattraktiv ist. Der Neurobiologe Roth konstatiert auf Grund seiner Erfahrungen und langjährigen Forschungen am Gehirn: »Das Festhalten am Gewohnten trägt eine starke Belohnung in sich« (2009, S. 178). Auch hier werden die von mir geschätzten Werte je nach Persönlichkeit der Partner variieren.

Doch was ist das, was wir da eigentlich erleben? Ist es nun ein Gefühl, ein Stresszustand, eine emotionale Stimmung, der Sexualtrieb oder nur das Wechselspiel biochemischer Reaktionen unseres Gehirns, das äußerlich sicht- und erlebbar wird? Da nur ein Bruchteil dessen, was in unserem Gehirn vor sich geht, in unser Bewusstsein vordringt, wissen wir nichts Genaues. Doch es gibt ganz plausible Hypothesen.

Verliebtheit: Risiken und Nebenwirkungen einer Stressreaktion

Seit etwa dreißig Jahren wird das Gehirn intensiv erforscht. Bildgebende Verfahren erlauben uns Einblicke ins Gehirn und ermöglichen uns neue Hypothesen über dessen Funktionsweise. Leider, oder glücklicherweise, wurde die biochemische Formel der Verliebtheit noch nicht entdeckt. Aber man weiß inzwischen viel über neuronale und biochemische Prozesse im Gehirn, die im Zusammenhang mit dem Erleben von Verliebtheit und sexuellem Verlangen aktiviert werden. Die Neurobiologie entzaubert und entmystifiziert die Phänomene Liebe und Verliebtheit. So entsteht das Psychische, und damit auch wahrnehmbare oder konstruierte Emotionen, aus Sicht der Hirnforschung durch die Interaktion der Großhirnrinde mit zahlreichen Zentren des limbischen Systems im Zusammenspiel mit verschiedenen neuromodulatorischen Systemen (Roth, 2003). Die meisten Prozesse im Gehirn entziehen sich unserem Bewusstsein. Alles, was dem Menschen bewusst ist, ist unabdingbar mit Aktivitäten der Großhirnrinde verbunden. Aktivitäten in anderen Bereichen, beispielsweise der Amygdala, die mit dem Entstehen von Affekten und Emotionen auf das Engste in Verbindung gebracht wird, bleibt unbewusst.

Neurobiologisch betrachtet ist Verliebtheit wohl eher eine komplexe Stressreaktion. Verschiedene Neurotransmitter wie Dopamin, Noradrenalin oder Serotonin und Hormone wie Adrenalin oder Oxytocin gestalten maßgeblich das Gefühlserleben des Verliebten mit. Diese Form der Liebe ist eine Art positiver Stress und die Grundmotivation, diesen Prozess anzuregen, liegt wohl eher auf der Ebene des Fortpflanzungstriebs und weniger im Bereich Fürsorge und soziale Unterstützung. Um dem Körper zu signalisieren, dass sich in unmittelbarer Nähe ein potenzieller Sexualpartner befindet, werden unzählige Informationen im Körper hin und her geschickt. Verschiedene neuromodulatorische Systeme sind bei Verliebten aktiviert, es sind die gleichen, die in Vorbereitung, während und unmittelbar nach der Paarung aktiviert sind.

Die Neurotransmitter Acetylcholin, Adrenalin, Noradrenalin, Dopamin und Serotonin wirken direkt und auf kurzem Weg in den Synapsen, die Nervenzellen miteinander verknüpfen. Hormone sind die biochemischen Langstreckenboten. Sie werden in Drüsen oder spezialisiertem Gewebe produziert, zum Beispiel in der Nebennierenrinde, der Bauchspeicheldrüse oder der Hirnanhangsdrüse. Von hier aus werden sie losgeschickt, sie werden im Blutstrom zu ihren Zielen transportiert. Die Zielorgane haben spezielle Rezeptoren auf ihren Zelloberflächen. Es kommt zur Schlüssel-Schloss-Reaktion zwischen Hormon und Rezeptor. Ist die Information angekommen, werden Stoffwechselhormone wie Cortisol, Insulin und verschiedene Sexualhormone, allen voran Testosteron und Östrogen, die in erster Linie Paarungsbereitschaft herstellen, ausgeschüttet.

Diese Hormone bereiten uns sexuelle Lust, ohne die wir wohl nicht in den Stresszustand geraten würden, den wir Verliebtheit nennen. Vergleicht man psychologische Reaktionen (wie Aufmerksamkeitsfokussierung, Schlaflosigkeit, Vergesslichkeit) und die physiologischen Reaktionen (Erhöhung des Blutdrucks, des Blutzuckerspiegels, der Atemfrequenz und die Mobilisierung von Fettreserven), die diesen speziellen Erregungszustand kennzeichnen, mit den Reaktionen, die mit akutem Stress einhergehen, so gibt es viele Ähnlichkeiten. Diese Übereinstimmungen erlauben die Hypothese, dass es sich bei der Verliebtheit vielleicht nur um einen akuten Stresszustand handelt, der überwiegend positiv erlebt wird. Manchmal kann dieser Stress »Liebende« jedoch auch an den Rand der Verzweiflung bringen oder sie krank machen. Verliebtheit kann dazu führen, dass Menschen in diesem Zustand viel Gewicht verlieren oder sichere Existenzen aufs Spiel setzen. Warum macht Verliebtheit eigentlich blind?

Dass Stresszustände unsere Wahrnehmung stark einengen, ist bekannt. Diese Reaktion ist nützlich, um sich in gefährlichen Situ-

ationen besser auf das Wesentliche konzentrieren zu können. Das
Nervensystem engt den Aufmerksamkeitsfokus ein, nebensächliche Informationen, die nicht zielführend erscheinen, werden
ausgeblendet, damit will sich unser Gehirn zu diesem Zeitpunkt
nicht belasten. Der Schutz des eigenen Lebens, die Vorbereitung
der Flucht oder des Angriffs verlangt die volle Konzentration.
Man beobachtet die Situation, sein Gegenüber genau, versucht
dessen Absichten einzuschätzen, um seine eigenen Reaktionen
vorzubereiten. Die Wahrnehmungseinengung ist ein unbewusster Prozess.

Ist es also gefährlich, sich zu verlieben? Es scheint logisch zu
sein, dass das menschliche Gehirn so reagiert, wenn ein Säbelzahntiger im Höhleneingang erscheint oder wenn einem nachts
eine Bande angetrunkener Jugendlicher auf der Straße entgegenkommt, aber beim Verliebtsein? Nicht immer steht die wahrnehmbar eigene Angst im Vordergrund und versetzt uns in einen
Stresszustand. Ganz generell fordern unbekannte Situationen
unser Gehirn besonders heraus. Es bedeutet für viele Menschen
beispielsweise Stress, vor größeren Gruppen oder in Versammlungen zu reden, den Arbeitsplatz zu wechseln oder ein Haus zu
kaufen. Sie schlafen schlecht, beobachten alles so genau wie möglich, um Hinweise darauf zu erhalten, wie sie sich im nächsten
Augenblick verhalten, ob sie sich schützen oder darauf einlassen
sollen. So ist es für das Gehirn auch eine riskante Angelegenheit,
in eine unbekannte geschlechtliche Interaktion zu treten. Forschungen (Schedlowski u. Krüger, 2002), die das menschliche
Immun- und Hormonsystem im Zusammenhang mit Sexualität
untersuchten, konnten nachweisen, dass sexuelle Aktivität ähnlich wirkt wie akuter psychischer Stress.

Folgt man diesen Überlegungen, so sind es mindestens drei
Faktoren, die einem Verliebten Stress bereiten: Angst und Unsicherheit in zunächst unbekannten sozialen Situationen, die an
den Sexualtrieb gekoppelten Empfindungen und der drohende
Angriff auf das Immunsystem hinsichtlich des bevorstehenden
Austauschs von Körperflüssigkeiten. Tatsächlich ist das Infektions-

risiko bei sexuellen Interaktionen wesentlich höher als im alltäglichen Umgang miteinander. Stress entsteht auch hinsichtlich der über den möglichen sexuellen Kontakt zu erwartenden Belohnung. Endorphine, körpereigene Opiate, befördern uns während der sexuellen Interaktion, die bereits mit dem Flirt beginnen kann, erst in einen euphorischen Zustand und nach der Erfüllung in einen angenehm entspannten Zustand. Diese Kombination hat Suchtpotenzial.

Rein biologisch betrachtet nehmen Verliebte also nur das wahr, was sie wahrnehmen wollen bzw. nur die Reize, die ihnen ihr limbisches System und ihr Stammhirn als relevant für ihren Schutz und ihr Wohlbefinden vorgeben. Lässt der Stresszustand nach, dann schätzen Verliebte Verhaltensweisen und Eigenschaften der oder des Angebeteten meist auch wieder realistischer ein.

Doch nicht nur neurobiologisch, sondern auch psychologisch spielt die Wahrnehmungseinengung bei der Partnersuche eine große Rolle. Letztlich ist auch der Beziehungsmarkt nur ein Markt und welchen Partner wir wählen, welches Produkt wir kaufen, hängt nicht zuletzt von den Wahlmöglichkeiten und der Vielfalt ab. Ob wir eine soziale, geschlechtliche Begegnung suchen oder ein Auto kaufen, am Anfang einer Beziehung, ob zum Partner oder zum Auto, steht immer die Entscheidung dafür. Forschungen, dargestellt von Eberhart (2012), haben gezeigt, dass mit der Größe des Angebots die Bereitschaft, sich für ein Produkt zu entscheiden, sinkt. Menschen sind weniger zum Kauf bereit, wenn sie aus einer Vielzahl anderer ähnlicher Produkte wählen müssen. Reduziert man die Auswahl, dann können sich Menschen besser entscheiden und greifen eher zu. Außerdem sind sie mit dem erworbenen Produkt eher zufrieden und fragen sich nach dem Kauf seltener, was wohl wäre, wenn sie ein anderes Produkt aus dem breiten Angebot gewählt hätten und ob sie damit vielleicht noch zufriedener gewesen wären.

Auch ohne Studien wissen wir: Wer die Wahl hat, hat die Qual. Je mehr Optionen uns zur Wahl stehen, umso schwerer fällt uns die Entscheidung. Lieber verzichten wir auf den Kauf, als bei

der Auswahl einen Fehler zu machen, den wir hinterher bereuen
könnten. Der Beziehungsmarkt ist ebenfalls oft unübersichtlich
und täglich begegnen uns potenzielle Sozial-, aber auch Sexualpartner. Wie entscheiden wir uns für den Richtigen, für den, der
auch langfristig die eigenen Bedürfnisse und Erwartungen erfüllt?
Hier können eine gewisse Wahrnehmungseinschränkung und die
Konstruktion des Verliebtseins helfen. Die mit dem Stresszustand
verbundene Fokussierung hilft dem Verliebten, sich schneller und
zielführender für die Beziehung mit eben genau diesem Menschen zu entscheiden. Außerdem können wir durch die damit
verbundene Einschränkung von Möglichkeiten zufriedener mit
unserer Wahl sein.

Liebe im Jugendalter: Schmetterlinge im Bauch

Die Bundeszentrale für gesundheitliche Aufklärung (BZgA) erklärt den weiblichen Pubertierenden Deutschlands in einer Aufklärungsbroschüre das Verliebtsein so: »Wenn du verliebt bist, kriegst du ganz glänzende Augen, als hättest du Fieber, und deine Freundin muss dich im Unterricht ständig anknuffen, damit du nicht träumst. Sämtliche Organe sind in Aufruhr. Das Herz pocht, im Bauch brettern Schmetterlinge herum, Schweiß steht auf der Stirn, das Gesicht wird knallrot, wenn sein Name nur ausgesprochen wird: Du fühlst dich wie auf Wolken und willst nur noch zu ihm« (BZgA, 2006, S. 94).

Die Symptome, die hier beschrieben werden, lassen sich wie dargestellt als Stressreaktionen interpretieren. Das Nervensystem stellt den Körper auf schnelles Reagieren und körperliche Aktivität ein. Der Herzschlag wird erhöht, so pumpt das Herz mehr Sauerstoff in die Organe und die Muskeln. Ein Anzeichen für Aufregung und Anspannung ist auch der Schweiß auf der Stirn und eine stärkere Durchblutung der Blutgefäße direkt unter der Haut des Gesichts und des Halses. Die Schweißbildung und auch das Erröten sind körperliche Reaktionen, hervorgerufen durch das aktivierte vegetative Nervensystem. Hier arbeiten zwei Systeme Hand in Hand, der Sympathikus, der für Beruhigung sorgt und der Parasympathikus, der den Körper in Alarmbereitschaft und Anspannung versetzt. Das Erröten ist eine Form vorsprachlicher Kommunikation. Sie signalisiert dem anderen: Nimm dich in Acht, ich bin aufgeregt, ich bin bereit, dir näherzukommen. Auch das diffuse Kribbeln im Bauch ist ein Zeichen von akuter Erregung. In der Magenregion befinden sich verschiedene Nervenknoten. Die gedankliche Abwesenheit von Verliebten ist in Wirklichkeit ein hoch konzentrierter Zustand, der hilft, die Umwelt auszublenden und sich auf das zu fokussieren, was ver-

mutlich eine stärkere emotionale Erregung hervorrufen wird als
der Unterricht.

In der Pubertät machen Jugendliche ihre ersten Erfahrungen
mit der Liebe. Ihr limbisches System, verantwortlich auch für
emotionale Erregung, hat noch keine entsprechenden Reaktions-
und Verhaltensmuster erproben können und so sind die ersten
sexuellen Begegnungen besonders interessant und aufregend
zugleich. Solche Erfahrungen werden ins neuronale Netzwerk
eingewoben und oft als dauerhafte Gedächtnisspur bewahrt. Deshalb können sich die meisten Menschen ganz gut an ihre erste
Liebe erinnern. Später wird dann die sexuelle Befriedigung fest
ins Belohnungssystem eingebunden. Die Erregung bleibt, doch
der Stresspegel ist im Allgemeinen niedriger als in der Situation,
die wir gern als Verliebtheit beschreiben. Mit der Erfahrung entwickeln sich Verhaltensmuster, die Sicherheit geben.

Das Verliebtsein wird, wie das Zitat aus der Broschüre zeigt,
oft als himmlisches Gefühl konstruiert. Man schwebt auf Wolken
oder befindet sich im siebten Himmel, so wird die positive Seite
des Stresszustands oft beschrieben. Es gibt jedoch auch negativen Stress, den Liebeskummer, der entsteht, wenn der oder die
Angebetete diese Gefühle nicht teilt und für eine(n) andere(n)
schwärmt. Dann fühlt man sich zurückgestoßen und abgelehnt
und beginnt an sich zu zweifeln. Der Zustand des Verliebtseins
bringt also schon in der Jugend mit Sicherheit neben Glücksge-
fühlen auch Unglück hervor.

Doch wie viel Liebe erwartet eigentlich eine Jugend, die mit
Internet, Facebook und Smartphones aufwächst, im Rahmen einer
Partnerschaft? Die aktuelle Popmusik ist voll von Liebeserklärungen und sie unterscheidet sich oft nur in der weniger sanften
Darbietung von denen der Volkslieder. Wächst eine Generation
heran, die die Liebe zu einem unbedingten Qualitätsmerkmal für
die gute Paarbeziehung aufbaut? Was suchen Jugendliche heute
in der Paarbeziehung, eher Freundschaft, sexuelle Erfüllung oder
andauernde Liebe? Untersuchungen, dargestellt und diskutiert
von Seiffge-Krenke und Schneider (2012, S. 79 ff.), zeigen, dass

es unter den 17- bis 20-jährigen Paaren verschiedene Typen gibt. Die größte Gruppe, nämlich 38 % der Befragten, erleben eine Paarbeziehung zwischen Freundschaft, Liebe und Leidenschaft. 26 % der jugendlichen Paare waren ausschließlich durch das Verliebtsein aneinander gebunden. Die Autoren (Seiffge-Krenke u. Schneider, 2012, S. 80) merken an, dass diese jungen Paare ihre Beziehung sehr oft auch negativ erleben. In Beziehungen, die sich überwiegend über Liebe konstruieren, erleben die Partner starke, aber auch ambivalente Gefühle miteinander. Neben der Liebe nimmt die Eifersucht einen großen Raum ein. Eine andere Studie (Seiffge-Krenke u. Schneider, 2012, S. 76) zeigt, dass nur sehr wenige der sich als Liebespaar definierenden jugendlichen Partnerschaften länger andauern. Lediglich 4 % der jungen Liebenden lebt mit 30 Jahren noch mit dem ersten Partner zusammen. Hier zeigt sich, dass die Liebe allein kein Erfolgskonzept für eine längerfristige Beziehung darstellt.

Neben den bereits beschriebenen zwei Typen jugendlicher Beziehungen ließen sich noch drei weitere identifizieren, die überwiegend ohne das Liebesideal auskommen. So fühlen sich 14 % der befragten jugendlichen Paare überwiegend über Freundschaft und Sexualität verbunden. Eine weitere Gruppe von 10 % organisiert sich überwiegend über komplementäre Beziehungsstrukturen und Asymmetrie, so gibt es hier einen dominierenden Partner, der den anderen führt. In der letzten Gruppe von 12 % fehlen Freundschaft und auch Liebe. Sie werden von den Autoren als flache und unemotionale Beziehungen beschrieben. Das heißt, weit mehr als die Hälfte aller Jugendlichen organisiert sich in der Paarbeziehung über das Konstrukt Liebe. Dem stehen rund 36 % von Jugendlichen gegenüber, die auf Liebe in der Beziehung verzichten. Alle Beziehungstypen weisen jedoch eine ähnlich hohe Trennungsquote auf, Partnerwechsel sind schon in der Jugend und im frühen Erwachsenenalter eher die Regel.

Liebe im Lebensverlauf: Vertrautheit und Bindung

Die Verliebtheit ist wie beschrieben eine Form der Liebe. Eine andere Form, die häufig als Liebe beschrieben wird, ist das Gefühl von Vertrautheit, welches sich bei Paaren einstellt, die über viele Jahre zusammen sind, gemeinsam Höhen und Tiefen erlebt und sich bei der Lösung von bedrohlichen Lebenssituationen unterstützt haben. Gemeinsam gemeisterte, emotional schwerwiegende Erfahrungen führen zu einem tieferen Vertrauen in den anderen und zu einer intensiven Bindung und sozialen Abhängigkeit. Wie stark das emotionale Band sein kann, sehen wir in der tiefen Trauer, die viele Menschen beim Verlust der langjährigen Partnerin oder des Partners, sei es durch Tod oder Trennung, erleben.

Diese Trauer ist ein sehr starkes Gefühl und wird unter anderem von den Emotionen Ärger und Angst bestimmt. Immer wieder stellt sich die Frage: Warum ereilt ausgerechnet uns dieses Trennungsschicksal? Warum musste gerade mein Partner sterben? Ein starkes Ungerechtigkeitserleben stellt sich ein und speist das Gefühl von Ärger. Das andere Gefühl, die Angst, fragt danach, wie es nun weitergehen soll, da viele die Trennung vom Partner oder den Tod eines Partners als tiefe existenzielle Bedrohung erleben. Es ist die Mischung aus Angst und Ärger bzw. aus Vertrautheit und Gewohnheit, die Menschen in einen emotionalen Zustand versetzt, der traditionell als Trauer bzw. als Liebe beschrieben wird.

Während die Bindungsforschung die emotionale Bindung zwischen Eltern und ihren Kindern untersucht und viele vernünftige neuropsychologische Hypothesen entworfen und Antworten auf das Phänomen der Eltern-Kind-Liebe gefunden hat (Grossmann u. Grossmann, 2004), steht die Forschung, die die emotionale Bindung von familiär nicht verwandten Erwachsenen zum Gegenstand hat, noch ganz am Anfang. Die romantische oder partnerschaftliche Liebe sind als Erklärungen meines Erachtens unzureichend, um die intensive Vertrautheit und Gewohnheit in langjährigen Beziehungen zu erklären. Einzelne Menschen sind eben nicht, wie es einige Liebesdiskurse uns glauben machen wollen, zeit ihres Lebens füreinander bestimmt. Die Liebe führt keine zwei füreinander bestimmten Menschen zueinander und verbindet sie auch nicht auf immer und ewig.

Die Natur zeichnet sich durch eine hohe Komplexität und große Vielfalt aus. Vielfalt bedeutet in erster Linie das Vorhandensein von Unterschieden und deren Vernetzung. Aus evolutionärer Sicht ist eine lebenslange Bindung einzelner Menschen durch Vorherbestimmung nicht zwingend notwendig. Dies würde einen Verlust an Flexibilität und Wahlmöglichkeiten bedeuten, die Fähigkeit zur Selbstorganisation einschränken und Entwicklungschancen reduzieren. Liebe kann keine biologische Erklärung für das Phänomen partieller emotionaler und sozialer Abhängigkeit und Bezogenheit sein.

Doch wie lassen sich langjährige Beziehungen erklären? Existiert hier vielleicht ein ähnliches neuronales Muster wie in der Eltern-Kind-Bindung? Bindung findet wie bereits beschrieben vorrangig im limbischen System statt. Dabei ist es zunächst völlig unwichtig, ob ein Kind bei liebevollen Eltern aufwächst oder bei Eltern, die es misshandeln. Der Säugling wird, ob er will oder nicht, durch das unbewusst in ihm ablaufende, biologisch notwendige Bindungsprogramm an den Vater oder die Mutter gebunden. So wollen beispielsweise die meisten Kinder, die in Heimen leben, wieder zurück zu ihren Eltern, die sie oftmals geschlagen und vernachlässigt haben.

Die Eltern-Kind-Bindung beruht im günstigsten Fall auf Liebe. Doch sie ist nicht unbedingt die Voraussetzung für die Bindung des Kindes an die Eltern. Das limbische System lernt sowohl in negativen als auch in positiv eingefärbten emotionalen Lebenssituationen. Seine Plastizität und Lernfähigkeit ist bei Säuglingen und Kleinkindern wie beschrieben besonders groß und nimmt dann ab dem vierten bis fünften Lebensjahr immer mehr ab. Das Kind kann nicht beeinflussen, welche Bindungspräferenzen dort gespeichert werden, denn dieser Bereich seines Gehirns ist nicht bewusstseinsfähig. Noch im Erwachsenenalter können Lebenssituationen, die sehr starke emotionale Eindrücke hinterlassen, die Persönlichkeit verändern. In ungünstigen Fällen sind es Traumatisierungen, extreme Belastungen, die zu Persönlichkeitsstörungen führen. Im günstigsten Fall können emotional positive Erfahrungen das limbische System, obwohl es später weniger formbar ist, beeindrucken.

So können spätere Beziehungen, wie wir sie in jahrelangen Partnerschaften oder Ehen erleben, möglicherweise bindungsähnlichen Charakter erlangen. Bindung ereignet sich dort, wo starke emotionale Erfahrungen miteinander gemacht werden. In der Regel haben sie nicht die Tiefe, wie sie frühkindliche Bindungen aufweisen, dennoch können sie unter gewissen Voraussetzungen neuronale Muster im limbischen System bilden. Die Dauer der Partnerschaft spielt dabei, so meine Hypothese, sicher eine wesentliche Rolle. Längere Partnerschaften, die über mehrere Lebensphasen hinweg andauern, verstärken die Bindung.

Viel bedeutsamer für das limbische System sind jedoch meines Erachtens die Qualität und Tiefe der gemeinsamen Erfahrungen. Emotional beeindruckend sind wohl Erfahrungen, wie sie Eltern beim Großziehen gemeinsamer Kinder erleben. Das Bangen um die Kinder bei Krankheit, die geteilte Freude bei jedem ihrer Entwicklungsschritte oder das Erleben anderer biografischer Höhepunkte prägen die Bindung zwischen den Eltern. Hinzu kommen die gegenseitige Fürsorge und Versorgung der Partner im Krankheitsfall oder gemeinsam gemeisterte kritische Lebensphasen wie der Tod von Familienangehörigen. Das sind Erfahrungen, die zu Erinnerungsspuren im limbischen System führen und die bei Trennung Angst vor dem Verlust des Partners hervorrufen. Speziell in der Partnerschaft spielt das schon erwähnte Bindungshormon Oxytocin vermutlich eine große Rolle. Es wird beim Mann und bei der Frau beispielsweise während des Geschlechtsverkehrs produziert und hat eine stimulierende bzw. nach dem Orgasmus beruhigende Wirkung. Das Vertrautheitsgefühl und der Wunsch nach Nähe werden dadurch gesteigert. Regelmäßige sexuelle Interaktionen miteinander erhöhen das Vertrautheitsgefühl.

Ein weiterer die Bindung unterstützender Faktor ist die Anschlussfähigkeit der Persönlichkeitssysteme der Partner, worauf ich später noch genauer eingehe. Ist die Anschlussfähigkeit groß und muss ich mich in der Beziehung zum Partner nur wenig kontrollieren, dann erlebe ich das als leicht und unkompliziert. Nach diesem Prinzip wählen Kinder und auch Erwachsene ihre Vertrauten. Der Gedanke, dass langjährige Partnerschaften mit freundschaftlichen Beziehungen vergleichbar sind, liegt nahe.

Kleine Kulturgeschichte der Liebe

Wie wir uns die Welt erklären:
Wissenschaft, Kultur und Werte

Ein Blick in die Kulturgeschichte der Menschheit zeigt, wie sich die Bedeutungszuschreibung von beobachtbaren Phänomenen immer wieder in Abhängigkeit von Zeitgeist, von Gesellschaft und Wirtschaft verändert. Dabei gilt es zu beachten, dass uns nur ein sehr kleiner Teil der Geschichte und der mit ihr verbundenen Kultur überliefert ist. Antike literarische Überlieferungen, die gern zur Erklärung der Vergangenheit herangezogen werden, spiegeln oft nur das Denken und die Lebenshaltung einiger weniger aus den wohlhabenden und gebildeten Bevölkerungsschichten wider. Dennoch neigen wir dazu, Aussagen, beispielsweise von Platon, Aristoteles oder Sokrates, zu generalisieren und leiten daraus Wirklichkeiten und Verhaltenstypologien für die Gesamtbevölkerung der damaligen Zeit ab. Oft handelt es sich auch ausschließlich um eine männliche Sicht auf die Welt, auf Beziehungen und natürlich auch auf das Phänomen der sexuellen Anziehung. Frauen bekamen bis ins 18. Jahrhundert hinein kaum Gelegenheit, ihre Ansichten über das Leben darzustellen und zu publizieren. Gerade die wissenschaftliche, religiöse und philosophische Kultur der Menschheit ist überwiegend eine Kultur des Mannes.

Philosophische Schulen in der Antike hatten ihre geistigen Väter, die als Gelehrte galten und besonders geachtet wurden. Einzelne Gelehrte prägten das Denken ihrer Schüler und gaben den Deutungsrahmen vor, in dem die Welt zu verstehen ist. Die Deutungen wurden von den Schülern übernommen, weitergegeben und so allmählich zu Wissen. Je mehr Menschen das jeweilige Verständnis von der Welt teilten, umso mehr wurde dieses Wissen zur Wahrheit. Letztlich ist auch das Wissen, die Wissenschaft, egal in welcher Epoche der Menschheitsgeschichte, nur eine Konstruktion, ein Versuch, die komplexen Erscheinungen

des vom Menschen Beobachtbaren zu erklären. Dies gilt für die
Antike und das Mittelalter wie auch für die moderne Wissenschaft.

Auch heute sind die Ergebnisse wissenschaftlicher Studien
lediglich eine Konstruktion von Wissen. Sie sind wesentlich komplizierter geworden und erlauben auf Grund ganz eigener mit
dem Konstrukt verbundener Sprach- und Bedeutungssysteme
nur noch Eingeweihten Zutritt zu diesem Wissen. So versteht ein
Theologe oft nicht, worüber sich ein Mathematiker oder ein Phy-
siker Gedanken macht, und umgekehrt kann auch ein Naturwissenschaftler den geistigen Konstruktionen eines Philosophen nur
schwer folgen. Letztlich sucht jede Wissenschaft nach sinnvollen
Erklärungen zum Verständnis der ihn umgebenden hoch komplexen Umwelt. Wir wissen dadurch nicht wirklich mehr, unsere
Erklärungen sind nur etwas komplizierter geworden und wir können hier und da einen vorübergehenden Nutzen aus wissenschaftlichen Erkenntnissen ziehen. Die moderne Wissenschaft ist der
Wahrheit nicht nähergekommen als die Denker der Antike, weil
es erkenntnistheoretisch gesehen keine Wahrheit gibt. Warum
dann überhaupt Wissenschaft? Die meisten Menschen sind wiss-
begierig und neugierig und versuchen, die Welt, die sie umgibt,
zu beobachten, zu begreifen und zu verstehen. Diesen Menschen
verdanken wir die angenehmen Errungenschaften unserer modernen Kultur: elektrischen Strom, Kühlschränke, Funktelefone und
Toiletten mit Wasserspülung.

Abhandlungen über die Liebe, was auch für dieses Buch gilt,
sind lediglich Erklärungsversuche bezüglich eines speziellen Verhaltens, welches zwischen Mann und Frau, aber auch zwischen
Menschen gleichen Geschlechts beobachtet werden kann. Diese
Verhaltensmuster haben sich im Laufe der Geschichte immer
wieder verändert und damit auch die Liebeskonstruktionen. Sie
halfen Beziehungen zwischen Mann und Frau bezogen auf die
Erfordernisse ihrer Zeit zu gestalten.

Liebe ist letztlich das, was wir als solche erklären. Heute sind
vielleicht Erklärungen sinnvoll, die die Prozesse von fortschreiten-
der Individualisierung, Rationalisierung, Ökonomisierung und

Differenzierung mit einbeziehen. Wir reden aktuell immer wieder von einem Orientierungsverlust in der Gesellschaft und sind bemüht, alte Werte aufrechtzuerhalten. Doch passen diese Werte wirklich noch in eine mobile, globalisierte, erlebnisorientierte, vernetzte, digitalisierte Gesellschaft? Passt das Gehorsamkeits- und Autoritätsverständnis in der Beziehung zwischen Mann und Frau aus dem vorletzten Jahrhundert noch in unsere Zeit? Passt der Liebesbegriff aus der Romantik noch zu einer Beziehungskultur, die gekennzeichnet ist von Pluralismus, Diversität und serieller Beziehungsgestaltung? Wir sollten vielleicht versuchen, neue Werte, die sich als nützlicher erweisen, zu konstruieren, statt um jeden Preis an alten festzuhalten.

Liebesgötter und Liebeskulte in der Antike

Die Liebe bzw. der Zauber der Liebe, ihr mystisches und ekstatisches Wesen, stellt, seit Menschen sich und ihre Herkunft metaphysisch, religiös und philosophisch beschreiben, ein bedeutsames und komplexes Konzept dar. In der antiken griechisch-römischen Dichtung nahm die Liebe häufig göttliche Gestalt an: Liebesgötter wie Aphrodite und Eros bei den Griechen, Amor und Venus bei den Römern bevölkerten den Olymp und hatten Macht über Leben und Tod. Das Liebeskonzept der Antike trug schicksalhafte, spielerisch-intrigante Züge und zeichnete sich gleichzeitig durch Göttlichkeit und Machtfülle aus.

Die uns überlieferten Texte stammen überwiegend aus einer sehr elitären gesellschaftlichen Schicht. Geistige Lehrer verfassten sie im Kontext von höheren Erziehungseinrichtungen und philosophischen Schulen. Vor allem im antiken Griechenland wuchsen die Töchter und Söhne aristokratischer Familien in solchen elitären Pensionaten und anderen pädagogischen Einrichtungen auf. Schenkt man der griechischen Liebeslyrik Glauben, so waren gleichgeschlechtliche Beziehungen durchaus verbreitet und Teil eines pädagogischen Konzepts. Von der Dichterin Sappho von Lesbos, Vorsteherin einer musischen Akademie und vielleicht Priesterin der Aphrodite, sind Texte überliefert, die belegen, dass Liebesbeziehungen zwischen älteren Lehrenden und Schülerinnen üblich waren. Das Gleiche gilt für die im pädagogischen Kontext gesellschaftlich anerkannte Päderastie, der gleichgeschlechtlichen Liebe zwischen Jungen und ihren Erziehern, auch hierfür gibt es literarische und künstlerische Zeugnisse (Irmscher, 1978). Folgt man diesen Quellen, so spielen in der durchschnittlichen heterosexuellen Ehe des Altertums Erotik und Liebe keine Rolle. Natürlich wurden auch im einfachen Volk und unter Leibeigenen, so es ihnen erlaubt war, sexuelle Beziehungen gepflegt, doch war man weit davon entfernt, dies als Liebe zu verstehen.

Die Liebe war in der Antike weniger eine Sache zwischen zwei Partnern, sondern eher ein an Institutionen und religiöse Riten gebundenes Phänomen. Heterosexuelle Liebe und Erotik sind hauptsächlich zwischen freien Männern und Hetären im Rahmen verschiedener kultischer Veranstaltungen und Gelagen in Bild und Text belegt. Das antike Konzept Liebe ist eine feingeistige Beschreibung eines Gefühlserlebens im Zusammenhang mit Begehren und war immer eng an Sexualität gebunden. Generell gehen wohl die Mythen und religiösen Rituale um Aphrodite, Eros, Venus und Amor auf die Phönizier und deren Fruchtbarkeitskult der Astarte zurück (Jürß, 1988). Die Phönizier, die im 9. und 8. Jahrhundert vor Christus den Mittelmeerraum, das spätere griechische und römische Reich, wirtschaftlich und kulturell eroberten, brachten ihren sich an der Natur, der Landwirtschaft und dem Wechsel der Jahreszeiten orientierenden Fruchtbarkeitskult mit, der mit heiligen sexuellen Riten verbunden war. Dieser Kult wurde von der Bevölkerung, den verschiedenen religiösen Zentren aufgesogen, kultiviert und später sittlich-philosophisch sublimiert. Es entstand eine vergeistigte höhere Form der reinen Liebe, die die Dichtung beflügelte und bis ins Mittelalter hineinwirkte.

Zur Vergeistigung des Eros trugen insbesondere Platon und Sokrates bei. Sie glaubten, dass die Erkenntnis der Wahrheit zwangsläufig zu einem höheren sittlichen Verhalten führen würde. So wurde aus der körperlichen Liebe, einst eine kosmologische Urkraft, ein geistiges Konstrukt, welches verbunden war mit dem Ringen um die Ausformung der Seele und des Geistes.

Der Knabenliebe wurde der Weg bereitet. Sie entwickelte sich in der gegenseitigen Zuneigung zwischen Lehrer und Schüler, der Knabe, rein, schön und unberührt, wird zum Symbol der Erotik. Als verspielter, unbekleideter Wildfang peinigt er Menschen und Götter mit seinen Geschossen. Die Eroten, die geflügelten Eros-knaben, schmücken verschiedene künstlerische Darstellungen

jener Zeit (Zinserling, 1982). Das mit ihnen verbundene Liebeskonstrukt hebt das Schicksalhafte, Zufällige und Unberechenbare der Liebe hervor. Diese Idee hat die Zeit überdauert und
so werden auch heute noch Menschen unerwartet von Amors
Pfeil getroffen.

Paulus: Wegbereiter eines christlichen Verständnisses von Liebe

Die Liebe ist die Größte

Dies wäre wohl kein Buch über die Liebe, wenn ich hier nicht auch auf Paulus und sein Verständnis von Liebe eingehen würde. Paulus war als heimatloser Wanderprediger in den christlichen Urgemeinden eine besondere Person. Zunächst verfolgte er als gesetzestreuer Pharisäer die Anhänger des auferstandenen Christus. Dann ereignete sich seine wundersame Bekehrung (1 Kor 15,8–10). Er wurde zum glühenden Anhänger des Christusglaubens und zum Missionar, der die zentralen christlichen Gemeinden im Mittelmeerraum besuchte und dort als religiöser Lehrer und Apostel auftrat. Jesus starb vermutlich um das Jahr 30, etwa zwei Jahre nach dessen Tod fühlte sich Paulus von Gott berufen und begann vor allem Nichtjuden zu missionieren. Das ist insofern interessant, da diese auch als Heidenchristen bezeichneten Christen einen anderen kulturellen Hintergrund als die Judenchristen, die ja im jüdischen Glauben und Brauchtum aufgewachsen waren, in die Gemeinden einbrachten. Konflikte ergaben sich hinsichtlich des Umgangs mit unterschiedlich tradierten sozialen und religiösen Verhaltensweisen (Bornkamm, 1980). Paulus musste hier oft schlichten. Wenn er unterwegs war, schrieb er Briefe an die Gemeinden und legte darin den seiner Meinung nach rechten Glauben dar. Ein Teil dieser Briefe ist uns in der Bibel erhalten. Sie stellen die ältesten Schriften im Neuen Testament dar und wurden so kurz nach dem Tod Jesu geschrieben, dass sie als Zeugnisse des Urchristentums für Theologen und für die Kirche einen ganz besonderen Wert darstellen.

Paulus' Vorstellungen über die Liebe, die Ehe, die sexuelle Enthaltsamkeit und die Unzucht haben die Beziehung zwischen Mann und Frau und die allgemeinen ethischen und moralischen Partnerschaftsstandards bis in die Moderne hinein wesentlich geprägt. Eine der am häufigsten in diesem Zusammenhang zitierten Textstellen findet man im Neuen Testament, im ersten Korintherbrief (1 Kor 13,4–13). Diese Bibelverse, insbesondere aber der Vers 13, werden von Paaren, die sich kirchlich trauen lassen, oft als Trauspruch ausgewählt. Es gibt sie in den unterschiedlichsten Übersetzungen, in der Zürcher Bibel liest sich der Text so: »Die Liebe ist langmütig, sie ist gütig; die Liebe eifert nicht, die Liebe prahlt nicht, sie bläht sich nicht auf, sie tut nichts Unschickliches, sie sucht nicht das ihre, sie lässt sich nicht erbitten, sie rechnet das Böse nicht an. Sie freut sich nicht über die Ungerechtigkeit, sie freut sich aber mit der Wahrheit. Sie erträgt alles, sie glaubt alles, sie hofft alles, sie erduldet alles« (13,4–6).

In Kapitel 13 des ersten Briefs an die Gemeinde in Korinth verweist Paulus besonders auf die Liebe und erhebt sie als zentrales Prinzip in ihrem Wert sogar über den Glauben. »Und wenn ich allen Glauben habe, so dass ich Berge versetze, habe aber die Liebe nicht, so bin ich nichts« (1 Kor 13,2). Er stellt die Liebe über die Gabe der Prophetie, über das Wissen um alle göttlichen Geheimnisse, und mahnt damit die frühchristliche Gemeinde in Korinth, eher auf das soziale Miteinander zu achten als auf das individuelle Streben nach Anerkennung vor Gott. Ihm geht es eher darum, dass jeder sein eigenes Charisma entwickelt, die Fähigkeit zur wohlwollenden Gabe, zur Liebe: »Die vollkommene Äußerung des Erfülltseins von göttlichem Pneuma ist die Liebe, die nicht das ihre sucht«, so interpretieren auch Exegeten diese Textstelle (Wolff, 1982, S. 130).

Wie Gott sich an den Menschen verschenkt hat, so soll sich nun der Mensch an andere verschenken. Das ist die zentrale christliche Heilsbotschaft und der Dreh- und Angelpunkt des Glaubens, der sich aus dem Phänomen der Auferstehung Jesu Christi entwickelt hat. Paulus fasst entsprechend zusammen:

»Nun aber bleibt Glaube, Hoffnung, Liebe, diese drei; am größten aber unter diesen ist die Liebe« (1 Kor 13,13). Die Liebe ist also das Größte, weil ihr die Erfüllung schon innewohnt. Warum erhöht er die Liebe, warum stellt er sie so in die Nähe Gottes, dass sie für viele Menschen in der Folge unerreichbar wird? Er selbst lebte als heimatloser Wanderprediger nicht in einer Paarbeziehung (1 Kor 7,27) und wurde damit zum Vorbild für das spätere Zölibat, eine Verpflichtung zur Ehelosigkeit für alle Christen, die sich in besonderer Weise Gott nahe fühlen oder in der späteren römisch-katholischen Kirche ein Amt ausüben.

Doch warum erlaubte er sich keine partnerschaftliche Beziehung? Sein Bekehrungserlebnis könnte für eine psychische Störung sprechen, vielleicht eine Schizophrenie, in deren Folge sich seine Persönlichkeit veränderte. Die Apostelgeschichte (9,3–29) berichtet von seinem Bekehrungserlebnis. Demnach soll Paulus, dem hier noch der Name Saulus zugeschrieben wird (er selbst nannte sich allerdings nie so), Jesus nicht nur gesehen, sondern auch die Stimme Gottes gehört haben, während Licht vom Himmel fiel: »Saulus, Saulus, was verfolgst du mich? […] Ich bin Jesus, den du verfolgst« (Apg 9,4–5). Diese Erfahrungen veränderten seine Persönlichkeit stark. Solche Indizien würden heute durchaus für eine psychische Störung sprechen oder auch für die Wirkung eines halluzinogenen Getränks oder einer entsprechenden Speise. Wir wissen, dass sein fanatischer Glaube ihn ins Gefängnis brachte und wahrscheinlich auch zu seinem Märtyrertod führte.

Aus seinem Brief an die Korinther wissen wir auch, dass er von sich behauptete, seinen Sexualtrieb völlig unter Kontrolle zu haben. Außerdem war er der Ansicht, dass Verheiratete nur noch daran denken, wie sie ihrem Partner gefallen können (1 Kor 7,33). Sie sollten seiner Meinung nach zeitweise sexuell enthaltsam leben und sich zurückziehen und beten (1 Kor 7,5). Paulus lehnte sexuelle Freizügigkeit und Prostitution ab. Sexualität außerhalb der Ehe beschmutze den Körper, der seiner Ansicht nach ein Tempel Gottes sei (1 Kor 6,19) und deshalb unter besonderem Schutz stehe und vor allem rein gehalten werden solle. Diese

Ansichten führten in der christlichen Kultur zu einer Abwertung der Sexualität und einer Aufwertung der Liebe als vollkommene Zugewandtheit zu Gott.

Fast scheint es, als hätte Paulus große Angst vor der Sexualität gehabt. Er wusste, wie schwierig, ja fast unmöglich es ist, dem Sexualtrieb zu widerstehen, und welche große Verdrängungsleistung hier erbracht werden muss. Darum hatte er Sorge, dass die Gemeindeglieder sich zu sehr von ihren Trieben verführen lassen und dann, wenn das Reich Gottes anbricht, nicht mit reinem Körper und reiner Seele vor Gott treten können. In der Ehe sah er das kleinere Übel, in ihr ist Sexualität erlaubt, wenn die Liebe sie aufwertet und darüber die Liebe zu Gott nicht vernachlässigt wird.

Das paulinische Liebeskonstrukt ist vielleicht viel weniger von der Persönlichkeit des Paulus geprägt, als es die bisherige Darstellung vermuten lässt. Paulus schreibt schließlich auch als Zeitgenosse des ersten Jahrhunderts. Damit ist er Teil einer umfassenderen religiösen Erneuerungsbewegung. In ihr vollzog sich, wie Theißen (1985, S. 74 ff.) beschreibt, auf Grund verschiedener soziokultureller Faktoren wie der römischen Besatzung, dem Einfluss der hellenistischen Geisteskultur sowie der messianischen Naherwartung eine generelle Normverschärfung auf verschiedenen Ebenen des sozialen Miteinanders. Die Radikalisierung alter jüdischer Normen berührte viele Bereiche des Lebens wie Besitz, Aggression, Recht, Kommunikation und natürlich auch das Thema Sexualität und Ehe.

Zucht und Ordnung

Paulus, ein Jude mit griechischer Bildung und römischem Bürgerrecht, orientiert sich an den Liebeskonzepten und den sozialen Gegebenheiten seiner Zeit. Er greift das Agape-Konzept auf, welches ihm aus der griechischen Literatur bekannt gewesen sein dürfte. Im Gegensatz zum Konzept des erotischen Begehrens, auch als Eros bezeichnet, beschreibt die Agape eher eine spirituelle, metaphysische Verbindung zwischen den Menschen. Die

Agape zeichnet sich durch ein göttliches Prinzip aus, durch Reinheit und Zugewandtheit. Dieses Konzept entwickelt Paulus in seinem Verständnis als Jude und Christ weiter und empfiehlt der Gemeinde in Korinth danach zu leben. Wenn Paulus von Liebe spricht, meint er nicht explizit die Liebe zwischen Mann und Frau, sondern die Liebe zwischen allen Mitgliedern der Gemeinde, die sich auch als Nächstenliebe definieren lässt. Sowohl zwischen Ehepartnern als auch zwischen Nachbarn und Nichtverwandten soll sich die Liebe selbstlos, geduldig, wahrheitsliebend und auf das Wohl des Partners gerichtet zeigen (1 Kor 13,4–7).

Gemeint war nicht vordergründig die erotische Liebe, sondern es ging um die generelle Haltung zueinander. Ehescheidungen und sexuelles Fremdgehen waren zur Zeit des Paulus im Römischen Reich an der Tagesordnung, insbesondere in den Großstädten. Korinth war eine multikulturelle Stadt. Mehr noch, in der klassischen Antike galt Korinth als Zentrum des Aphroditekults. Einigen Quellen zufolge gab es in den Tempeln der Aphrodite mehr als eintausend Liebesdienerinnen. Aphrodite wird in der griechischen Mythologie als Göttin der Schönheit und sinnlichen Begierde, als Liebesgöttin dargestellt. Möglicherweise war dies für Paulus ein weiterer Grund im Brief an die Korinther, zunächst vor Unzucht zu warnen (1 Kor 6,12 ff.), dann Weisungen zu Ehe und Ehelosigkeit zu geben (1 Kor 7,1 ff.) und im Anschluss daran sein Konzept von Liebe auszuführen. Paulus selbst schätzte die Ehelosigkeit und die sexuelle Askese hoch ein und lebte beides selbst vor. Gleichwohl waren ihm die Risiken dieses Lebensstils bewusst. Enthaltsamkeit kann nur gelingen, wenn man allen Versuchungen des Fleisches widerstehen kann (Fascher, 1984). Ist dies nicht möglich, dann sei die Ehe unter bestimmten Bedingungen eine Alternative.

Die Bedingungen für eine Ehe werden im 1. Korintherbrief Kapitel 7 beschrieben. Zu ihnen zählen auch das Ehescheidungsverbot (7,10–12), die gegenseitige Wahl und, um die Sexualität in geordnete Bahnen zu lenken, das Exklusivrecht auf den Körper des anderen. »Die Frau hat über ihren eigenen Leib nicht die

Verfügung, sondern der Mann; ebenso aber hat auch der Mann über seinen eigenen Leib nicht die Verfügung, sondern die Frau« (1 Kor 7,4). Eine klare Ansage, die das christliche Eheverständnis fast zwei Jahrtausende bestimmt. Damit dieses gegenseitige sexuelle Sichverschenken auch gelingt und die Ehe ein Hort des Heils werden kann (1 Thess 4,4 f.), ist die von Paulus beschriebene Haltung der selbstlosen Zugewandtheit und gegenseitigen Rücksichtnahme vonnöten. Das Exklusivrecht auf den Körper des Partners meint jedoch nicht, dass man den anderen besitzt, wie man einen Esel sein eigen nennen kann, sondern dass man seine sexuellen Begierden in der Paarbeziehung stillt. Durch solche Weisungen ließen sich zur Zeit Paulus' sexuelle Ausschweifung, Prostitution und die Teilnahme an Fruchtbarkeitsriten gesellschaftlich regulieren und der Zusammenhalt in der Familie und in der christlichen Gemeinde, die von unzähligen »heidnischen« Kulten umgeben war, stärken.

Liebe im Kontext von Endzeitstimmung

Für Paulus ist die Liebe mehr als eine Beziehungsqualität. Sie ist ein Charisma, ein besondere Qualität der Persönlichkeit. Jeder hat sein eigenes Charisma, das Seine und Unverwechselbare, und die Liebe ist ein wichtiger Teil davon (1 Kor 7,7). So schreibt Paulus im 1. Korintherbrief, dass es wichtiger ist, sein Charisma, also die Liebe zu entwickeln, als nach Weisheit, Prophetie und Erfüllung durch materielle Güter oder durch die strikte Einhaltung religiöser Gesetze zu streben. Geht es ihm, wie vielen modernen Liebeskonstruktivisten, hier um die Entwicklung der Persönlichkeit als individuelle Signatur und um die Abwendung vom Besitz? Wie ist die paulinische Ethik im Kontext der damaligen Zeit vor fast 2000 Jahren zu deuten?

Um zu verstehen, was Paulus meint, wenn er von der Liebe spricht, muss man wissen, dass die ersten Christen glaubten, dass Jesus noch zu Lebzeiten wiederkommen, also das Reich Gottes anbrechen würde. Diese Vorstellung war fest im Frühchristentum, zwei bis drei Jahrhunderte nach Christus, verankert. Theologen bezeichnen dieses Glaubensphänomen als Parusie, als zeitlich nahe Wiederkunft Jesu Christi, mit der die Vollendung der Heilsgeschichte einhergeht. Schrage (1985) ist der Ansicht, dass die paulinische Ethik und die Texte des 1. Korintherbriefes eschatologisch, also endzeitlich, zu verstehen sind. Paulus, der selbst die urchristliche Gemeinde in Korinth besuchte und ihr theologischer Lehrer war, schrieb den ersten uns erhaltenen Brief an die christliche Gemeinde in Korinth um 50 nach Christus. Wenn ich als Christ fest davon überzeugt bin, dass noch in meinem Leben das Reich Gottes errichtet wird, dann kann ich mich tatsächlich auf die Herausbildung und Pflege meines Charismas konzentrieren, dem materiellen wie geistigen Besitz entsagen sowie meiner Vollendung und der Vollendung der Welt in Liebe entgegensehen. Die Naherwartung macht es möglich.

Was für die ersten Christen möglicherweise noch zweckmäßig erscheint, muss nach zwei Jahrtausenden des Wartens nicht mehr unbedingt sinnstiftend sein. Natürlich sollten sich Menschen auch heutzutage bemühen, gut zueinander, geduldig und bescheiden zu sein. Ich glaube jedoch nicht, dass die Liebe ein höheres Prinzip ist, dass sie alles, wie Lauster behauptet, tatsächlich in Gold verwandelt: »Alles Streben, aller Erfolg, aller Reichtum, jede Macht sind sinnlos und unbefriedigend, wenn die Liebe fehlt« (1992, S. 234). Für Paulus war die Liebe ein göttliches Ideal und zudem ein hilfreiches metaphysisches Konstrukt, um sexuelle Begierde zu regulieren und auf einen Ehepartner zu fokussieren. Die Institution Kirche entwickelte in den nachfolgenden Jahrhunderten, angeregt durch die paulinische Ethik, viele Regeln und Riten für die Gestaltung der ehelichen Sexualität und der christlichen Ehe, auf dass diese ein Ort der Zucht, des Heils werden kann, eine Gemeinschaft, in der die Liebe sich als Zeichen von Vollkommenheit und nahender Endzeit entfaltet. Ein solches Ritual ist das Gelübde, welches Eheleute noch heute vor dem Traualtar ablegen. In der evangelischen Kirche hört sich dies so an: »Unser Gelübde vor Gott dem Allwissenden und Allgegenwärtigen: Wir

wollen uns als christliche Eheleute nach Gottes Wort und Willen
haben und halten, einander lieben und ehren, in Freud und Leid
nicht verlassen und den Bund der Ehe heilig und unverbrüchlich
halten, bis dass der Tod uns scheidet.«

Ich denke, dass die paulinische Liebe einer modernen Ehe
oder Partnerschaft nicht schadet. Ob sie tatsächlich nützlich ist,
bezweifle ich. Ich halte ihre Konstruktion in der Paarbeziehung
auch nicht für notwendig, um erfüllte Sexualität zu erleben und
um achtsam und fürsorglich miteinander umzugehen. Das paulinische Ehescheidungsverbot (7,10–12), welches eine in Liebe
begründete Ehe erhalten soll, halte ich nur vor dem Hintergrund
einer recht nahen Endzeit für sinnvoll.

Kirche, Sexualität und Liebe im Mittelalter

Die Macht des Mönchtums

Keine Epoche Europas war vermutlich so religiös wie das Mittelalter. Ein Leben ohne Glauben an Gott war unvorstellbar, außerhalb der Kirche und außerhalb des Glaubens, der von der Kirche vorgegeben wurde, gab es kein Heil. Die gesamte Bevölkerung Europas, Bauern, Knechte, Handwerker, Patrizier, Adlige und Kleriker, war von der Existenz Gottes überzeugt und betrachtete die Kirche, den Papst und den Klerus als von Gott legitimiert, christlichen Glauben um- und durchzusetzen. Es gab praktisch keine Atheisten, nur gottgläubige Menschen. Das Christentum des Abendlandes war im Wesentlichen das Werk von Mönchen, die in unzähligen Klöstern über ganz Europa verteilt Handel, Wissenschaft sowie Wirtschafts- und Geldpolitik betrieben. Die Mönche in ihren über das ganze Land verteilten Klöstern bildeten die Schaltzentrale des Mittelalters. Sie waren vor allem im frühen Mittelalter die Einzigen, die lesen und schreiben konnten, und sie bestimmten so auch, welches Buch abgeschrieben, welches Wissen verbreitet und welcher Glaube im Land gelebt werden sollte.

Ihr Einfluss auf die Lebensführung der Bevölkerung war für heutige Verhältnisse radikal. Sie bestimmten den Tagesablauf und überwachten in einem System aus Schuld, Beichte, Vergebung und Ablass die strikte Einhaltung von Sitten und christlichen Normen. Die Klöster waren zugleich Kaderschmieden für hohe kirchliche und auch weltliche Ämter. Äbte übernahmen für Könige und Landesherren diplomatische Aufgaben oder waren als Berater für sie tätig und zogen bei politischen Entscheidungen im Hintergrund die Fäden. Im Hochmittelalter, um das 12. bis 13. Jahrhundert herum, als die Bevölkerung wuchs, wurden

Pfarrstellen, verteilt über das gesamte Land, eingerichtet. So konnte die Kirche auch in ländlichen Ansiedlungen oder in neu gegründeten Orten präsent sein und sich um das Seelenheil der Gläubigen kümmern. Volksnahe, aufsuchende Seelsorge wurde durch regelmäßige Predigt und der Abnahme von Beichte vor Ort möglich. Viele Klöster wurden auf Grund ihres politischen und wirtschaftlichen Einflusses sehr schnell reich und die Mönche vernachlässigten die Regeln des benediktinischen Mönchtums, die persönliche Armut, Keuschheit und Gehorsamkeit gegenüber Gott forderten. Es gab verschiedene Gegenbewegungen und immer wieder Reformen des Mönchtums (Kupisch, 1984). So entstanden Bettelorden, deren Angehörige ihren Unterhalt durch mildtätige Gaben erwarben. Viele von ihnen zogen umher und ihre wichtigste Aufgabe sahen sie darin, volksnah zu missionieren sowie Armut, Bescheidenheit und Keuschheit zu predigen.

Die reine Liebe

Das Verständnis von Liebe und Lust im Mittelalter wurde von der Mönchskultur und der Kirche geprägt. Die Liebe zu Gott war die wahre Liebe, die körperliche Liebe dagegen war die Liebe des Volkes. Es gab im Mittelalter nur ein Prinzip, das war das göttliche Prinzip. Es stand über allen anderen, über Geld, Macht, Naturwissenschaft, sogar über dem König. Das von Paulus kreierte vergeistigte Liebeskonstrukt wurde im Europa des Mittelalters vor allem von Menschen, die lesen und schreiben konnten, gepflegt und weiterentwickelt. Im frühen Mittelalter ging es der religiösen Elite vor allem auch darum, die einfache Bevölkerung an sich und den von ihr proklamierten Glauben an Christus und die Kirche zu binden. Noch immer pflegte die einfache Bevölkerung verschiedene »heidnische« Kulte, die tief in ihrer ländlichen Kultur verwurzelt waren. Der christlichen Kirche im frühen Mittelalter war im Zusammenhang mit ihrem hegemonialen geistigen Anspruch das Bedürfnis nach fleischlicher Lust und geschlechtlicher Liebe ein Dorn im Auge. Geprägt von der griechisch-rö-

mischen Vorstellung war die Liebe ihrer Ansicht nach so rein,
dass sie allein auf Gott gerichtet sein sollte. Die Sexualität in der
einfachen Bevölkerung wurde abgewertet und die Kirchenlehre
verurteilte unzüchtige Handlungen und Fantasien.

Dies galt insbesondere auch für die heilige Ehe. Sexualität
war unerwünscht, wenn sie nicht unmittelbar der Fortpflanzung
diente. »Ein vernünftiger Mann soll seine Frau mit Besonnen-
heit lieben. Er soll seine Leidenschaft zügeln und sich nicht
zum Beischlaf hinreißen lassen. Der Mann soll sich seiner Frau
nicht als Geliebter, sondern als Gatte nähern«, so Hieronymus,
ein lateinischer Kirchenlehrer, der von 347 bis 420 lebte (zit.
nach Fritzsche, 1983). Wer seine Sexualität gegen diesen moralischen Anspruch der Kirche auslebte, machte sich des sündhaf-
ten Verhaltens schuldig und wurde, wenn die Kirche es erfuhr,
hart dafür bestraft. Liebe in der Paarbeziehung oder Ehe gab
es als Beziehungskonstrukt im Mittelalter nicht. Dafür gab es
die Liebe zu Gott. Der Klerus der Kirche, Mönche und Nonnen,
die das Ideal vom Leben in der ausschließlichen Liebe zu Gott
verkörperten, bildete die geistige Oberschicht und legte gesellschaftliche und moralische Standards des Zusammenlebens fest.
Keuschheit und Vergeistigung standen über dem weltlichen
Familienleben. Die Institution Ehe hatte allein den Zweck, das
Überleben zu sichern. Fortpflanzung war kein Akt der Liebe,
sondern eine existenzielle Notwendigkeit.

Die Erfindung der Minne

Neben Kirche und bäuerlichem Leben gab es im Mittelalter auch
eine weltlich-höfische Kultur. In diesem Kontext entstand ein
weiteres Liebeskonstrukt, die sogenannte »hohe Minne«, bekannt
durch den Minnesang. Dieser beschäftigte sich nicht mit der pro-
fanen Liebe des Volkes, die auch als »niedere Minne« bezeichnet
wurde und nur der Befriedigung des Triebes diente, sondern
er besang in ritueller Form die Verehrung unerreichbar adliger
Damen. Dieses Konstrukt der hohen Minne übertrifft die roman-

tische Liebe, die zum Ende des 18. Jahrhunderts aufkam, noch
bei weitem.

Natürlich versuchte die Kirche im Mittelalter nicht nur auf
den Bauernstand, sondern auch auf den Adel Einfluss zu nehmen, zu dem das Rittertum gehörte – mit wechselndem Erfolg.
Ununterbrochen tobten Kämpfe und Auseinandersetzungen zwischen weltlicher und kirchlicher Macht um politische Vorherrschaft und Einfluss. Wurde kooperiert, zogen die Kreuzritter für
die Kirche in den Krieg, eroberten, unterwarfen und mordeten
im Namen Jesu, doch allzu oft wendete sich das Blatt auch gegen
die Kirche und die Ritter eines Grafen, eines Königs zogen gegen
den Klerus und eroberten Klöster, kirchliche Ländereien oder
schleiften Burgen.

Die Ritter verrichteten ihr Handwerk und stellten sich einmal in den Dienst der Kirche und dann wieder in den Dienst
weltlicher Machthaber. Ihre militärische Stärke machte sie für
beide Seiten begehrlich, was auch eine gewisse Unabhängigkeit
bedeutete. Zu Beginn des 12. Jahrhunderts drifteten die gesellschaftlichen Schichten massiv auseinander, das Ständesystem
verlor seine scharfen Konturen. Hier liegen die Wurzeln für die
Entstehung des Bürgertums. Der wachsende Handel führte zu
einem wirtschaftlichen Aufschwung in Europa, der eine relativ
vermögende Schicht von Kauf- und Edelleuten, Handwerksmeis-
tern hervorbrachte. Geistige Bildung war nicht mehr ausschließlich ein Privileg von Mönchen.

Die Gotik löste die Romanik ab, die Fenster wurden größer,
bunter und geschwungener. Mehr und vor allem farbiges Licht
fiel ein. Durch Bildung und Kunst verfeinerte und differenzierte
sich die Kultur. Zum Träger dieser neuen Lebensweisen wurde das
Rittertum, wie der Historiker Ballhaus feststellt: »Zwar gehören
Gewalttaten, Grausamkeiten, Plünderungen, Erpressungen nach
wie vor sozusagen zum ritterlichen Handwerk und zum Inventar
seiner Verhaltensweisen, doch wandelt sich mit der Zeit das Selbst-
und Idealbild durch die Herausbildung jener Tugenden, die wir
als ritterlich bezeichnen« (Ballhaus, 2009, S. 27).

Ausgerechnet im Rittertum entwickelte sich ein neues Verständnis der körperlichen Liebe und ein neues männliches Selbstverständnis. Hier vollzog sich ein Mentalitätswechsel, in jener Schicht wurde der Boden bereitet, der später die höfische Liebe gedeihen lässt. Das Rittertum kultivierte die sexuelle Interaktion zwischen Mann und Frau. Die Frau am Hofe erfuhr eine Aufwertung, sie war zwar noch immer der Besitz des Mannes, doch bediente sich der Mann ihrer sexuellen Dienste nicht mehr roh und gewalttätig, sondern mehr und mehr spielerisch und galant. So wie er anfing, guten Wein und feinere Kleidung zu schätzen, so begann er nun auch die sexuellen Reize seiner Frau zu genießen. Er erfreute sich an ihr, betete sie als Dame an und dichtete Loblieder auf sie. Die Lieder, die die Frauen und ihre (körperlichen) Vorzüge priesen, wurden zu einem Kult, in dem die Sexualität zur Minne wurde. Der Ritter tat dabei im Wesentlichen weiter das, was er am besten konnte: erobern. Nun ging es um die Eroberung der Frau. Er schoss Pfeile in ihr Herz und versuchte es zu gewinnen. Manches Herz zeigte sich dabei uneinnehmbar wie eine Burg. Hier war die ganze Erfindungsgabe des Ritters gefordert, um es zu bezwingen.

Die Minne ist ein Konstrukt, welches das sexuelle Begehren beschreibt und gleichzeitig kultiviert. Das Begehren bezieht sich dabei weniger auf die »eigene« Frau, die Ehefrau. Die Minne ist in gewisser Weise beliebig und meint die Frau an sich. Während die Kirche Maria zur heiligen Madonna hochstilisiert, verehren die Ritter und Adligen ihre Dame. In beiden Fällen handelt es sich um künstliche Ikonen, die angebetet werden und in deren Dienst die Männer treten. Im Laufe des Mittelalters werden die gottähnlichen Frauenfiguren immer erhabener und unerreichbarer, bis sie schließlich der Realität völlig entrücken.

Am Anfang des Mittelalters dient die Erfindung der Minne jedoch zunächst noch dazu, das männliche, ritterliche Ich entsprechend der gesellschaftlichen Anforderungen und Einflüsse jener Zeit zu differenzieren und zu verfeinern. So lernt der Ritter, sich gegenüber einer Dame sanfter und zärtlicher zu verhalten

und ihr bei eigenem Begehren den Hof zu machen. Oder er
tritt in ihren Dienst und dient ihr treu und ergeben. Ziel aber
ist und bleibt am Anfang der Erfindung der Minne die sexuelle
Eroberung.

Die eigene Ehefrau profitierte von der Minne ihres Mannes in
der Regel nicht. Sie führt nicht dazu, die Beziehung monogam zu
gestalten. Liebe und Ehe haben in jener Zeit nichts miteinander
zu tun. Die Minne ist ein spezielles ritterliches Verhalten anderen
Damen gegenüber und dient der Anbahnung und Durchführung
des Ehebruchs. Der Historiker Ballhaus stellt nüchtern fest: »Es
ist kein Widerspruch, von der reinen Liebe zu singen und ins-
geheim Ehebruch zu begehen« (S. 29). Vermutlich hat sich die
Minne als Konstrukt entwickelt, um eben genau dieses sexuelle
Getriebensein zu erklären, zu rechtfertigen. So fragt Walter von
der Vogelweide: »Wer gab dir, Minne, die Gewalt?« Diese Frage
wurde im Mittelalter noch nicht diskutiert, die Kirche betrachtete
Sexualität als Tabu, als unreinen Akt, als Sünde.

Die Minne half sicher auch, das eigene Unrechtsbewusstsein
zu reduzieren. Wenn man der Frau eines anderen nachstellte und
diese dem Begehren nachgab, so ließ sich dies im Namen der
Minne, der mittelalterlichen Liebe, gut rechtfertigen. Dass dies die
Erfindung des Keuschheitsgürtels nach sich zog, ist nicht verwunderlich. Es ist zwar umstritten, ob der Keuschheitsgürtel tatsächlich ein üblicher Gebrauchsgegenstand war oder ob er mehr als
Strafinstrument genutzt wurde, doch er spiegelt die Unsicherheit
und Angst des Ritters wider, der befürchten musste, dass seine
eigene Frau, während er Schlachten (des Herzens) schlägt, von
der Minne besucht werden könnte. Liebe im Mittelalter bedeutete
nicht, dass man seiner Ehefrau vertraute. Gerade weil man die
Minne kannte, war man bestrebt, sein Eigentum zu schützen und
sich vor Schande zu bewahren. Die frühe mittelalterliche Minne
hatte zwei Gesichter, das Triebhafte, welches ihr innewohnte, und
die spirituelle Verklärung. Sie vereinte Verkommenheit und Reinheit. Besungen wurde das edle Ansinnen, dahinter verbarg sich
das Ziel der sexuellen Eroberung.

Die Idealisierung der Minne

Mit der Weiterentwicklung und Kultivierung der Minne im Laufe des Mittelalters verlor diese ihren sexuellen Eroberungsdrang und versandete in schöngeistigen Ergüssen und gekünstelten Spielen. Nicht mehr das sexuelle Abenteuer, die sexuelle Befriedigung der Ritter und Adligen, die im Minnedienst standen, motivierte sie dazu, sondern mehr und mehr die Idee des Sichverliebens, der Hingabe an ein am Hofe konstruiertes Ritual. Es wurde immer seltener, dass die Liebe in körperlicher Erfüllung gipfelte, sie dauerte meist Jahre oder Jahrzehnte, solange eben, wie sich der Liebende zum Minnedienst berufen fühlte. Da sich zur Minne auch die Idee der Treue gesellte, konnte es mitunter vorkommen, dass ein Ritter eine für ihn unerreichbare Adlige sein Leben lang verehrte und ihr mehr oder weniger heimlich diente. Umso höher die Dame in der Gesellschaft stand, desto größer war auch die Aufwertung, die er durch die Minne zu ihr erfuhr. Die Chancen, mit einer besonders angesehenen Frau tatsächlich das Bett zu teilen, waren jedoch äußerst gering. Für die Befriedigung der körperlichen Gelüste stand nach wie vor die eigene Ehefrau zu Verfügung, außerdem war Prostitution weit verbreitet. Man konnte hin und wieder auch damit rechnen, dass ein Gastgeber seine eigene Frau oder seine Untergebene für sexuelle Dienste anbot.

Unzählige Lieder und Gedichte auf die Minne werden verfasst, die sich in überschwänglichen Komplimenten ergehen und die Angebetete in den höchsten Tönen preisen. Eine heilige Geschichte wird aufgebaut, die mehr Schein als Sein beinhaltet. Doch das macht gerade den Reiz aus. Die höfische Liebesaffäre in Form der Minne wird für jeden Ritter, der etwas auf sich hält, ein Muss, sie garantiert ihm Ehre und Ansehen in seinem gesellschaftlichen Umfeld. Der Liebesdienst ist eine Art symbolische Selbstergänzung und führt zur Erhöhung des eigenen Ansehens in der besseren Gesellschaft. Ein Mann ohne Liebe, ohne eine Affäre ist am Hofe nichts wert, also pflegt er diese Mode und beteiligt sich an den Spielen und Ritualen, die um die höfische Liebe herum nach und nach entwickelt werden.

Ballhaus (2009, S. 44) stellt fest, dass der Kuss schon bald zur Konvention und zur gesellschaftlichen Pflicht wird. Das Spiel mit allen Sinnen und erotischen Anspielungen kommt immer mehr in Mode, genau so, wie das Erzählen von Liebesgedichten und Romanzen zum festen Bestandteil höfischer Konversation wird. Die Adligen ließen sich den Abend nicht zu lang werden, man spielte Blindekuh, wobei die Damen »oberhalb des Gürtels wohl auch gelegentlich nackt waren«, wie der Minnesänger Konrad von Würzburg beklagte (Schulz, 2005). Ritterlegenden wie die vom König Artus oder Parzival wurden erfunden, sie stilisierten ihrerseits die Ritter zu besonderen Ikonen, sie schilderten ihre Heldentaten und priesen ihr ritterliches Verhalten, Treue, Ehre und Minnedienst.

War die Minne am Anfang noch Ausdruck eines neuen Lebensgefühls des Mittelalters und des verfeinerten Umgangs in der höfischen Gesellschaft, so wurde sie später mehr und mehr zu einem Ideal erhoben. Im Rahmen des Liebesgerichts, einer höfischen Zeremonie, einem formellen Theaterspiel, wurden verschiedene Regeln für die »richtige« Liebe erfunden. Einige dieser Regeln führt der Historiker Ballhaus (S. 50 ff.) auf, sie stammen aus verschiedenen mittelalterlichen Schriften wie der des Andreas Capellanus, der eine Art Liebeskodex verfasste: So wurde proklamiert, dass die Liebe ihre Kraft nicht in der Ehe entfalten kann. Der Mann kann durch den Minnedienst an seiner Ehefrau nicht zu gesellschaftlichem Ansehen gelangen. Das Vorhandensein von Eifersucht gilt als Beweis für wahre Liebe. Eine Liebe, die bekannt geworden ist, wird nach dem Bekanntwerden nicht mehr lange anhalten. Eine Liebe, die leicht erworben wurde, ist nichts wert. Eine schwer erworbene Liebe steigt dagegen in ihrem Wert und Ansehen. Die Liebe darf der Liebe nichts verweigern. Die wahrhafte Liebe sucht nur die eine Geliebte. Die Liebe soll mit kleinen Geschenken angezeigt werden. Doch die Geschenke nur zu nehmen und die Liebe nicht zu erwidern, ist unrecht von der Dame. Eine Frau, die Geschenke annimmt, soll es auch mit Minne belohnen. Die Ehe ist kein

Hindernis für die Liebe. Treu ist man in der Liebe, nicht aber in der Ehe.

Diese zunächst für die höfische Unterhaltung entworfenen Regeln und Rituale gewannen mehr und mehr an gesellschaftlicher Bedeutung. Sie wurden in Gedichte, Liebesgeschichten, Gesänge und Theaterstücke eingewoben und weiter sublimiert. Diese Werke erlebten später, nachdem die mittelalterliche Minne den realen Lebensbezug völlig verloren hatte und die französische Sprache und Dichtung zum Inbegriff für Feingeist, Philosophie und modernen Lebensstil am Hofe und auch im Bürgertum wurde, ihre Renaissance.

Vom Brauchtum zur Verschärfung des Sakraments

Wie der Historiker Ballhaus (2009) detailliert beschreibt, entwickelten sich im Volk und auch bei Hofe territorial ganz unterschiedliche Bräuche rund um die Liebe, Brautwerbung und Eheschließung. Einige heute noch verwendete Sprichwörter und symbolische Handlungen haben ihren Ursprung in diesen Brauchtümern. »Mit jemandem unter einer Decke stecken« ist ein Hinweis auf einen üblichen Vorgang im Zusammenhang mit der Eheschließung. Die Ehe galt als geschlossen, wenn das Brautpaar während der Hochzeit das Bett aufsuchte und unter der Decke verschwunden war. Wir kennen viele solcher Redewendungen: »Unter die Haube kommen« bedeutete damals beispielsweise, dass eine vermählte Frau ihre Haare nicht mehr offen tragen durfte. Unverdeckte Haare galten als erotisch und sexuell aufreizend und mussten nun, da sie ihren Zweck erfüllt hatten, verdeckt werden. So gehen die Worte Gemahl, Gemahlin, Vermählung wohl auf den Ort zurück, an dem im Mittelalter der Ehevertrag, der eine Angelegenheit zwischen zwei Familien war, geschlossen wurde. Der Handel, der Vertrag, der zum einen ein Tauschgeschäft und zum anderen auch ein Schutzbündnis zwischen den Familien der Eheleute bedeutete, wurde an einem öffentlichen Ort, der sogenannten Mahlstätte, einer Art Versammlungsort, oder an

einer zentral gelegenen Gerichtsstätte im Freien vollzogen. Die
Brautgabe wurde lange Zeit als Mahlgabe bezeichnet und war Teil
des Vertrags, des Geschäfts. Geschenke wurde nicht aus Liebe
gemacht, sondern zur gegenseitigen Stärkung von Macht und
Ansehen der Brautfamilie.

Eine andere, wie ich finde, ganz praktische Sitte war die
Nacht auf Probe. Zunächst besuchte der Interessent die Frau,
die er begehrte, nächtlich für ein paar Stunden, um sich mit ihr
über das Wetter und die Landwirtschaft zu unterhalten. Diese
durfte natürlich nicht verheiratet sein. Während dieser sogenannten »Kommnacht« gab es zunächst keine sexuellen Interaktionen, vermutlich wurden vorrangig die Verhältnisse der
Familien besprochen. Später entwickelte sich daraus die Probe-
nacht, hier konnten sich die Interessenten von der gegenseitigen
sexuellen Anschlussfähigkeit ein Bild machen. Die Probenächte
konnten solange wiederholt werden, bis man sich einer Partnerschaft sicher war oder bis die Frau schwanger wurde, dann
wurde natürlich vermählt.

Diese Form des Kennenlernens war im Mittelalter auf dem
Lande durchaus normal, es gab daran nichts »Anstößiges oder
Unsittliches«, wie Ballhaus (2009, S. 99) bemerkt. Da die meisten Menschen im Mittelalter mittellos waren und am Rande des
Existenzminimums lebten, konnten sich viele Männer und Frauen
bzw. deren Familien eine Vermählung finanziell nicht leisten. Wer
dennoch nicht auf eine Lebensgemeinschaft verzichten wollte,
lebte im Konkubinat, der Ehe ohne Trauschein.

Das Mittelalter war auch eine Zeit der Orts- und Stadtgrün-
dungen. So wuchs die Zahl der städtischen Ansiedlungen im
Reich von rund 50 Städten um das Jahr 1100 auf rund 4000
Mitte des 15. Jahrhunderts (Schulz, 2005). In den Städten war
es schmutzig, es gab kaum funktionierende Kanalisationen, der
Abfall und Fäkalien lagen auf den Straßen. Mitten im Schmutz
entwickelte sich eine Badekultur. Vermutlich brachten Knechte
und Bauern, die ihr Land an Vögte und Klöster verloren hatten
und in die Stadt flüchteten, die Badekultur mit.

Auf dem Land badete man im Fluss oder in Seen, natürlich nackt und geschlechtlich nicht voneinander getrennt. Beim gemeinsamen Baden – die Dorfbewohner trafen sich beispielsweise beim Anbaden im März oder zu anderen kalendarischen Höhepunkten – bahnten sich Kontakte und erotische Begegnungen an. Diese Form des Badens geht vermutlich auf ein frühes germanisches Ritual zurück. Man feierte gemeinsam den Frühling, das wieder aufkeimende Leben und die Fruchtbarkeit. Es ist wahrscheinlich, dass solche Feste an sexuelle Rituale gekoppelt waren. Es gibt einige Überlieferungen in Text und Bild, die von öffentlichen Badehäusern in den Städten und Badegelagen bei Hofe erzählen. Männer und Frauen sitzen nackt gemeinsam im Badezuber. Diener, Knechte und professionelle Bader bedienen und massieren die Badenden und reichen ihnen Speisen. Bademägde, später dann Prostituierte, bieten sexuelle Dienstleistungen an (Ballhaus, 2009). Das Baden wird als ein Fest der Sinne dargestellt, mit feiner, vergeistigter Liebe oder Minne hat das alles nichts zu tun, man genießt das Leben.

Auch Kleriker können der Versuchung nicht widerstehen, gelegentlich ein Bad zu genießen und sich von Bademägden den Wein reichen und den Körper tüchtig abbürsten zu lassen. Solche Fälle werden immer häufiger bekannt und bringen zum Ende des 15. Jahrhunderts das öffentliche Baden und die Badehäuser in Verruf. Diese für den Katholizismus skandalösen Umstände und die vielen unkeuschen ländlichen Sitten wie auch die exaltierten Moden bei Hofe rund um die Minne fanden bei der Kirche keine wohlwollende Zustimmung.

Es soll an dieser Stelle auch nicht unerwähnt bleiben, dass die Prostitution, die es über das ganze Mittelalter hinweg gab, in den Städten zum Ende des Mittelalters insbesondere für die Kirche unvertretbare Ausmaße annahm. Die Bordelle befanden sich meist am Stadtrand, in der Nähe der Stadtmauer. Möglicherweise stammt daher auch der Name Bordell: am Rand, an der Grenze liegend. Die Bordelle wurden von der Stadt selbst betrieben, verwaltet oder verpachtet. Sie waren für die Stadt eine Einnahmequelle und mit ihnen konnte das Gewerbe kontrolliert werden. Prostitution war innerhalb der Frauenhäuser, der Hurenhäuser, der offenen Häuser, wie man sie damals auch nannte, legal. Zwar waren die Frauen, die hier arbeiteten, selbst nicht angesehen, aber ihre sexuellen Dienstleistungen wurden von Männern, die es sich leisten konnten, sehr geschätzt. In einigen Städten gab es für Prostituierte Kleidervorschriften und auch die Haartracht wurde ihnen vorgeschrieben. So hatten sie ihre Haare meist kurz zu tragen, denn lange Haare galten als Zeichen jungfräulicher Unberührtheit. Die Kirche versuchte mit der Einrichtung von Büßerinnenhäusern, die sündigen Frauen auf den rechten Weg zurückzuführen. Das gelang jedoch nur ansatzweise, selbst in diesen speziellen Klöstern gingen die »Reuerinnen« ihrem Gewerbe nach bzw. wurden von dort verkuppelt.

Der Klerus reagierte und verschärfte Mitte des 16. Jahrhunderts auf dem Konzil zu Trient das Eherecht. Er hob die Bedeutung des bereits auf dem zweiten Laterankonzil 1139 festgelegten Ehesakraments hervor und erließ einige neue Ehevorschriften. Damit war die Eheschließung nur gültig, wenn ein Priester die Trauung vorgenommen hatte. Das für Sakramente charakteristische Merkmal galt nun auch für die Ehe: Unauflösbarkeit. Damit wurde die Ehe auf Dauer, bis zum Ableben eines Ehepartners, geschlossen. In der Folge wurden bereits Anfang des 12. Jahrhunderts auch Regelungen zur Häufigkeit des Geschlechtsverkehrs erlassen und die Nichteinhaltung bestraft. So war es beispielsweise verboten, während der Menstruation, der Adventszeit und an Sonn- und Feiertagen sexuelles Verlangen zu zeigen (vgl. Schulz, 2005).

Überhaupt sollte die sexuelle Interaktion wie bereits beschrieben ausschließlich der Zeugung von Nachkommen dienen. Das engmaschige Netz von Klöstern und Pfarreien, verteilt über ganz Europa, und das Sakrament der Buße, welches die Beichte der Sünden beim Priester fordert, ermöglichte der katholischen Kirche eine radikale Kontrolle aller ihrer Gläubigen – und das waren bis zum Ausgang des Mittelalters alle Menschen. Buße, Sühne und die Arbeit für das tägliche Brot und für das der Feudalherren bestimmen den Alltag. Das Gespinst von der Hölle, in die alle Menschen einfahren, die sich unkeusch verhalten und die Regeln der Kirche missachten, hatte das Volk fest im Griff. Doch auch die Kirche selbst ordnete sich dieser angstverbreitenden Jenseitskonstruktion unter und ließ sich von ihr beherrschen. Heil oder ewige Verdammnis nach dem Tod: Das waren die Aussichten im Mittelalter, die Gläubige zu Lebzeiten mit ihrem Verhalten zu beeinflussen versuchten. Die Unterdrückung des Sexualtriebs führte zur Entwicklung unterschiedlichster Formen der Askese. Mönche peitschten sich selbst bis zur Bewusstlosigkeit, fasteten jahrelang oder hängten sich Gewichte an ihr Geschlecht, um ihre Keuschheit zu bewahren.

Die sexuelle Wende: Luthers Verständnis von Liebe und Ehe

Die Ehe und die Familie wurden erst im späten Mittelalter durch die Reformation aufgewertet. Es war Martin Luther (1483–1546), der im Großen Katechismus (1529) ausdrücklich den weltlichen Stand der Ehe stärkte und hervorhob, dass die Freuden und Lasten der Liebe gottgewollter sind als die Ehelosigkeit, Keuschheit und das Mönchtum. Seine zentrale theologische Begründung ist die Rechtfertigungslehre. Diese besagt, dass der Mensch nicht durch eine besondere Lebensführung, also durch seine Werke, vor Gott gerecht wird, sondern allein durch die Gnade und Liebe Gottes. Diese wird dem Menschen geschenkt, der sie sich durch nichts verdienen kann. Damit ist der Weg frei für ein anderes Verständnis von Sexualität: Sie ist kein sündiges Verhalten mehr und darf nun über den Zweck der Fortpflanzung hinaus zur Freude und Lust am ehelichen Leben praktiziert werden. Sexualität ist ein fleischliches Prinzip, das in der protestantischen Ehe mit dem heiligen Prinzip der Liebe verknüpft wird. Sie ist nun legitim und gottgewollt und die Liebe gewinnt erstmals in der Paarbeziehung an Bedeutung. Dagegen verurteilt Luther, wie wir sehen werden, den Ehebruch, also die Sexualität außerhalb der Ehe. Ihr fehlt das Metaphysische der Liebe, das nur in der Ehe zu Stande kommt.

Martin Luther, der theologische Urheber der Reformation, reagierte in vielen seiner Schriften und Predigten, die uns überliefert sind, auf Vorstellungen, soziale Gegebenheiten und Herausforderungen seiner Zeit und legte seine Haltungen vom richtigen Umgang zwischen Mann und Frau dar. Er beantwortete speziell in seinen Predigten die Fragen der durchschnittlichen Bevölkerung seiner Zeit: Was ist Liebe? Was ist Ehe? Darf man seinen Partner verlassen, wenn er krank ist oder wenn er zur Zeugung eines Kindes nicht in der Lage ist? Bei der Beantwortung dieser Fragen hat er dem einfachen Volk nicht nur im sprichwörtlichen Sinn aufs Maul, sondern gelegentlich wohl auch in die Betten geschaut. Als ehemaliger katholischer Mönch, der sich zunächst mit dem Zölibat zur sexuellen Enthaltsamkeit verpflichtete und später sein Gelübde brach, behandelte er in der Schrift »Vom ehelichen Leben« (1522) vermutlich auch seine eigenen Beziehungsthemen und versuchte Ordnung in sein Ehe- und Sexualleben zu bringen.

Seine Antworten und Haltungen zum Thema Liebe und Sexualität prägen den Glauben des protestantischen Christentums bis heute. Der Protestantismus war aber nicht nur eine religiöse Erneuerung, sondern auch die Grundlage für unzählige folgende gesellschaftliche Veränderungen. Er schuf eine neue Auffassung von Familie, Gerechtigkeit, Autorität, Ehe, ehelichen Pflichten und von der Erziehung. Dieses Verständnis ist bis heute Grundlage der Lebenshaltung, Weltauffassung und Moral einer Mehrheit von Menschen, Christen wie Nichtchristen. Es ist wohl Luthers Verdienst, der eine Glaubenslehre für den städtischen Mittelstand und für die arme Bevölkerung in den Städten und Dörfern entwickelte, dass die Beziehung zwischen Mann und Frau und deren Sexualität als Paar öffentlich thematisiert wurde und damit an Bedeutung gewann. Er war damit so etwas wie der Oswalt Kolle des ausgehenden Mittelalters.

Während die Renaissance die Kultur der Oberschicht, der Reichen war, wurde der Protestantismus eine Kultur, eine Glaubenshaltung der breiten Mittelschicht. Ein erstes Gefühl von Individualität, Freiheit und Widerstand des Einzelnen gegen die bis dahin unangefochtene Kirche und ihre Morallehre entstand. Für Fromm (1985a) ist dies eine erste wesentliche Grundlage für die spätere Entwicklung des Kapitalismus. In einer »Predigt vom Ehestand« (1525, zit. nach Lorenz, 1978) fordert Luther die Männer auf, sich vom Bier fernzuhalten und fleißig ihrem Beruf nachzugehen, um so Frau und Kinder ernähren zu können. Frauen sollen ihren Männern gegenüber untertänig sein und deren Willen folgen, beide sollen sich achten, zärtlich und freundlich miteinander umgehen. Die Ehepartner werden zur gegenseitigen emo-

tionalen Zuwendung und zur sexuellen Interaktion verpflichtet:
eine Pflicht, die heute in mancher Beziehung nicht nur Segen,
sondern auch Druck bedeutet. Die Ehe wird von Luther erstmals
als emotional wohltuende Insel, Grundlage der Erneuerung der
Kräfte und als intimer Raum, zu dem die Kirche und damit die
Öffentlichkeit keinen Zugriff mehr haben sollte, konstruiert.

Liebe, bis dass der Tod …

Luther (1519, nach Lorenz, 1978) unterschied drei Formen der
Liebe: die falsche Liebe, die natürliche Liebe und die eheliche
Liebe. Die falsche Liebe sucht nur das Ihre, so wie man Geld, Ehre
und Besitz anstrebt, um sich damit zu schmücken, und sie sucht
die sexuelle Attraktion auch außerhalb der Ehe. Damit wertet
er zum Ausgang des Mittelalters die Minne, die höfische Liebe,
die längst zum Bestandteil intriganter Machtpolitik geworden
ist, ab. Eine solche Liebe ist falsch, sie ist nicht bescheiden, sie
will mehr, kann nicht genug bekommen. Der Seitensprung ist
ein Ehebruch, eine falsche Liebe, er entspricht nicht dem Willen
Gottes und stellt für Luther deshalb einen Scheidungsgrund dar.
Außerdem gibt es die natürliche Liebe in der Familie: zwischen
Eltern und ihren Kindern, zwischen Bruder und Schwester und
zwischen anderen Familienangehörigen. In diesen Beziehungen
verbietet sich sexuelles Verlangen. Familienmitglieder dürfen, so
konkretisiert Luther (1522, zit. nach Lorenz, 1978), keine eheliche
Beziehung eingehen. Die dritte Form der Liebe ist die größte, die
eheliche Liebe oder die Brautliebe. »Diese Liebe brennt wie Feuer
und sucht nicht mehr als den Ehepartner. Diese Liebe spricht: Ich
will nicht das deine, ich will weder Gold noch Silber, weder dies
noch das, ich will dich selber haben, ich will dich ganz oder gar
nicht« (Luther, 1519, S. 5, zit. nach Lorenz, 1978).

Luther, der durch seine Beziehung mit der sechzehn Jahre
jüngeren Katharina von Bora, einer entflohenen Nonne, die
körperliche und eheliche Liebe schätzen gelernt hatte, war wohl
klar geworden, dass die Ehe, die Sexualität eine sehr persönliche

Angelegenheit ist, aus der sich die Kirche weitestgehend heraushalten sollte. Erst im frühen Mittelalter hatte die Kirche wie bereits erwähnt das Eherecht vereinheitlicht und zu einer kirchlichen Angelegenheit erhoben. Ein Zusammenleben ohne die Zustimmung und den Segen der Kirche im Rahmen der Trauung war gesetzeswidrig und wurde bestraft. Luther postulierte später, dass die Ehe eine weltliche Angelegenheit sei und säkulare Autoritäten die Eheschließung übernehmen und rechtlich regeln sollten.

Doch die Kirchen gaben ihr Gewohnheitsrecht so schnell nicht auf und auch die protestantischen Länder schrieben die christliche Segnung der Ehe vor. Die protestantische Kirche verabschiedete sich jedoch von der Ehe als Sakrament, während die katholische Kirche es weiterführte. Der im Sakrament geschlossene Ehebund galt als unwiderruflich und konnte nur durch den Tod, nicht aber durch den Menschen aufgelöst werden. Eine Scheidung war deshalb nicht möglich. Die nichtsakramentale Trauung innerhalb der von Luther begründeten protestantischen Tradition erlaubte dagegen eine Scheidung.

Luther (1522, zit. nach Lorenz, 1978, S. 26 ff.) selbst beschreibt drei mögliche in der Beziehung liegende Gründe für die Scheidung. Demnach war die Scheidung möglich, wenn ein Partner sexuelle Interaktionen außerhalb der Ehe pflegte. Luther benutzt hier das Wort Ehebruch. Dem unschuldigen Partner wird eine zweite Ehe zugebilligt. Ein zweiter Scheidungsgrund ist die Impotenz des Mannes, wenn diese der Frau im Vorfeld verheimlicht wurde. In solchen Fällen räumt Luther diesen Frauen sogar die Option ein, eine heimliche Ehe zu führen oder sich in der Fremde einen anderen Partner zu suchen. Sich sexuell dem Partner zur Verfügung zu stellen, sah Luther als eine eheliche Pflicht an. Verweigert sich eine Frau in der Ehe dauerhaft, dann kann der Mann, nachdem er das Verhalten seiner Frau öffentlich gemacht hat, sie gehen lassen und sich eine andere nehmen.

Gelungene sexuelle Interaktion zwischen den Eheleuten ist für Luther ein wesentliches Fundament der Beziehung. Liebe und Lust wird in diesem Zusammenhang synonym verwendet, die Ehe

wird zu einer privaten Anstalt des körperlichen und seelischen
Wohlergehens. Liebe bedeutet Ehe und Ehe bedeutet sexuelle
Befriedigung. In der Sexualität außerhalb der Ehe (Ehebruch
und Hurerei) wird man die Liebe nicht erkennen können. Wenn
einer der genannten Scheidungsgründe eintritt, darf Mann oder
Frau in einer zweiten Ehe Liebe praktizieren. Für Luther kein
Scheidungsgrund ist die Krankheit eines Mannes, wenn diese
dazu führt, dass er seinen ehelichen Pflichten nicht nachkommen
kann, dasselbe gilt für Aussatz oder stinkenden Atem (vermutlich
Mundgeruch oder unzureichende Zahnpflege). In Krankheit und
Not sollen die Eheleute einander dienen bis zum Tod.

Liebe: Eine Frage des Erkennens

Luther, der am Teufels- und Dämonenglauben festhielt und den
Exorzismus als eine nützliche Angelegenheit erachtete, glaubte
andererseits an einen mächtigen, aber verborgenen Gott. Dieser bildete für ihn die höchste Autorität. So wurden die Fragen
bezüglich der geschlechtlichen Beziehung zwischen Mann und
Frau auch nicht von diesen beantwortet, sondern von Gott höchst-
persönlich. Für Luther stand fest, dass die Beziehung von Mann
und Frau von Gott gewollt ist. Ob sich Mann und Frau finden,
um sich fortzupflanzen, darüber entscheidet nach Luther nicht
der Mensch selbst, sondern es geschieht durch das Wirken Gottes.
So schreibt er: »Gott befiehlt niemandem, ein Mann oder eine
Frau zu sein. Er schafft sie so. Genauso wenig befiehlt er, dass sie
zusammenkommen, um Kinder zu zeugen. Er schafft das. Wo
man das verbieten will, da geschieht es verbotenerweise« (zit.
nach Mayer, 1982, S. 141).

   Luther greift hier den Klerus und das Mönchtum an und stellt
sich gegen die Verleugnung und Unterdrückung der Sexualität
durch die Kirche seiner Zeit. Natürlich rechtfertigt er damit auch
seine Ehe, seinen und den Austritt seiner Frau aus dem klös-
terlichen Leben und damit aus dem Leben einer sexuellen Enthaltsamkeit. Doch soll die Sexualität nicht allein die Beziehung

bestimmen. Es muss Grenzen geben. Die Ehe ist nicht nur eine Angelegenheit, um sich sexuell zu erfreuen. Für Luther ist sie mehr als nur eine sexuelle Befreiung, sie ist göttliches Werk und damit Teil der menschlichen Natur. Über das Geben und Nehmen von Sexualität hinaus, welches Luther besonders wichtig ist, geht es auch um die Erfüllung eines göttlichen Willens. Damit ist die eheliche, von Gott gewollte Liebe vollkommen, die deshalb den Anspruch auf den ganzen Menschen in der Beziehung erhebt. Die Partner gehören einander: »Ich will dich selbst haben« (Luther, 1519, S. 5, zit. nach Lorenz, 1978).

Der Ausschließlichkeitsgedanke, den Paulus säte, soll nun endlich, ohne die Sexualität als nachrangig anzusehen, in der Beziehung zum Tragen kommen. Doch wo etwas Neues beginnt, ist ein Rahmen notwendig, sonst ufert es aus. Die Grenze ist die Monogamie in der Ehe, das Intime, der Ausschluss anderer.

Auch Luther kennt das Phänomen, dass sich nach einigen Ehejahren die Liebe, sei sie auch noch so göttlich, verschleißt und ihren Neuheitswert verliert. Er greift das Problem folgendermaßen auf: »Die Welt spricht von der Ehe: Eine kurze Freud und lange Unlust. Aber lass sie sprechen, was Gott schafft und haben will, das muss ihr ein Spott sein« (Luther, 1522, S. 33, zit. nach Lorenz, 1978). Das heißt, wenn tatsächlich Gottes Wirken hinter der Liebe steckt, dann kann sie auch nicht vergehen. Es folgt Luthers Begründung und eine aus hypnotherapeutischer Sicht wirklich clevere Intervention: Da eine göttliche Ordnung Grundlage der ehelichen Liebe ist, und an Gottes Schöpfung zweifelt zu Beginn des 16. Jahrhunderts kaum ein Mensch, kommt es darauf an, Gottes Wirken in der Beziehung, der Ehe zu erkennen. Damit, so Luther, sei das Problem der flüchtigen Liebe gelöst: »Wer es aber erkennt, der hat Lust, Liebe und Freude in der Ehe ohne Unterlass, wie Salomon sagte, wer ein Weib findet, der findet was Gutes« (Luther, 1522, S. 33, zit. nach Lorenz, 1978).

Wer also an der Liebe zweifelt, zweifelt auch an der Macht Gottes. Der Mensch hat selbst schuld, wenn er keine Liebe zu seinem Partner spürt: Sein Glauben ist zu schwach, deshalb erkennt er die Liebe nicht. Die lutherische Liebeskonstruktion lautet unter diesem Gesichtspunkt: Es ist alles da, Liebe, Lust und Freude, man muss nur richtig hinsehen. Ohne theologische Ornamente wirkt diese Aussage jedoch recht naiv und richtig Hinsehen oder Erkennen kann dann wohl auch heißen, sich die Ehe und den Partner schönzureden.

Luther hatte eine recht konstante Haltung zur Ehe, doch seine Meinung zur Liebe, zur Sexualität blieb widersprüchlich. Die aufgeführten Zitate, die aus der vorehelichen Zeit Luthers stammen und die ihn auf diesem Gebiet durchaus tolerant erscheinen lassen, schlagen später in einen »Sexualpessimismus«, so nennt es der Historiker Ballhaus (2009, S. 265), um. 1525 heiratete er die entflohene Nonne Katharina von Bora, sie war ihm eine gute Hausfrau und Gärtnerin. Er zeugte mit ihr sechs Kinder. Nach zehnjähriger Ehe äußerte sich Luther hinsichtlich der Sexualität eher enttäuscht, seine einstige Begeisterung für die von Gott gewollte, natürlichste Sache der Welt war verflogen: »Ich verschweige nun die Scheußlichkeit, die im Fleische steckt, man denke an das tierische Verlangen und das Jucken. Alles dies sind der Erbsünde deutliche Zeichen« (zit. nach Ballhaus, 2009, S. 266). Was war vorgefallen, woher kam die Scham und Angst vor den sexuellen Impulsen des Körpers? Hatte er erkannt, dass die Sexualität in der Partnerschaft vielleicht überbewertet sein könnte, oder war er enttäuscht von sich und seiner Katharina? Hier können Psychologen und Paartherapeuten nun spekulieren. Festhalten lässt sich jedoch, dass die Existenz Gottes für Luther der Beweis für die Liebe in der Ehe ist. Seine Theologie hat die Spiritualisierung und die Vergeistigung der Liebe befördert.

Die Erfindung der romantischen Liebe
im 18. Jahrhundert

Der Romantikbegriff ist heute noch eng mit den Werken und Gedanken Friedrich Schlegels (1772–1829) verbunden. Neben anderen herausragenden Autoren wie Novalis, Achim von Arnim, Ludwig Tieck, Friedrich Wilhelm Joseph Schelling, Friedrich Schleiermacher und Johann Gottlieb Fichte beförderte er die romantische Bewegung und füllte sie mit seinen Ideen als Philosoph, Sprach- und Literaturwissenschaftler und wortgewandter Schriftsteller inhaltlich und konzeptionell.

Die Romantik entstand als Gegenbewegung zum Klassizismus. Die als Romantiker bezeichneten Autoren wendeten sich von antiken Themen ab und erschlossen die eigene Kultur und Geschichte. Sie beschäftigten sich mit Volksliedern, Volkssagen und Geschichten des Mittelalters, sie sammelten Märchen, die in der Volkssprache ihrer Länder verfasst waren. Sie hatten wenig Interesse an den in Griechisch oder Latein verfassten Lehren und Texten antiker Philosophen.

Die Romantik, die vom Ende des 18. bis weit ins 19. Jahrhundert hineinreicht, definierte Schlegel 1798 folgendermaßen: »Die romantische Poesie ist eine progressive Universalpoesie. Ihre Bestimmung ist nicht bloß, alle getrennten Gattungen der Poesie wieder zu vereinigen, und die Poesie mit der Philosophie und Rhetorik in Berührung zu setzen. Sie will und soll auch Poesie und Prosa, Genialität und Kritik, Kunstpoesie und Naturpoesie bald mischen, bald verschmelzen, die Poesie lebendig und gesellig, und das Leben und die Gesellschaft poetisch machen, den Witz poetisieren, und die Formen der Kunst mit gediegenem Bildungsstoff jeder Art anfüllen und sättigen, und durch die Schwingungen des Humors beseelen« (zit. nach Uerlings, 2009, S. 79).

Caspar David Friedrich, dessen Bilder wohl jeder Leser kennt, war ein typischer Maler dieser Literatur- und Kunstepoche, die zugleich das Lebensgefühl der Menschen in Europa veränderte. Der Mensch in der Natur war eines seiner bevorzugten Themen. Er stellte ihn in Harmonie mit der Landschaft dar, die er beobachtet, genießt, vor der er oft anbetend und in Betrachtung versunken steht.

Es waren nicht mehr Maria, die Mutter Gottes, Heilige oder auch Adlige, die verherrlicht wurden, nein, die Malerei der Romantik wendete sich trivialeren Themen und Gegenständen zu. Ein beliebtes Motiv in der Malerei und Dichtung war die Dämmerung, der Anbruch der Nacht, eine Phase des Tages, die wie gemacht scheint, um Sehnsucht, Natur und Liebe miteinander zu verknüpfen. Die Mondscheinnacht, der Sonnenuntergang, der Abend- oder Morgennebel und ein oder zwei Gestalten am Meer, in einem idyllischen Tal oder in den Bergen sind noch heute wichtige Zutaten, um das Gefühl der Liebe zu konstruieren. In solchen romantischen Eindrücken liegt eine Wurzel unseres modernen Liebesverständnisses.

Das Anliegen der Romantik

Während Immanuel Kant (2011) noch versuchte, die Welt und die mit ihr verbundenen Probleme mit dem Verstand zu erklären und mit Vernunft bzw. seinem kategorischen Imperativ zu lösen, erfanden Romantiker wie Novalis und andere die Intuition und mit ihr die Beschaulichkeit. Das »Ich« wurde endlich mit Gefühlen versehen. Endlich musste man sich seiner emotionalen Regungen nicht mehr schämen. Das Gefühl macht nach dem Verständnis vieler Romantiker einen wesentlichen Teil der Erfahrung, des Wissens des Menschen aus: »Was wir wissen, wissen wir durch die Erfahrung«, fasst Uerlings (2009, S. 23) in seiner Theorie der Romantik für den Bereich der Wissenschaftslehre zusammen.

Mit der Geburt des Gefühls übersprangen die Philosophie und die Literatur den Bereich des real Erfassbaren, ohne es vordergründig christlich-religiös konstruieren zu müssen. Zwar gab es schon vor den Romantikern Ideen über den beseelten Menschen, doch vernachlässigten die meisten Denker die Gefühle bis dahin in ihrer Reflexion. Es ist ein Verdienst der Romantik, den fühlenden Menschen erfunden zu haben.

In der Folge dieser revolutionären Entwicklung konnte sich die Psychologie als Wissenschaft entwickeln. Diese hat dann später ganze Listen und Kataloge von Gefühlen erstellt, denn, das merkte man schnell, es war nicht so einfach mit den Emotionen. Sie brauchten eine Ordnung. Einfach leben, beobachten und fühlen, wie es die Romantiker taten, war den Psychologen, die anfangs noch mit den Philosophen konkurrieren mussten, zu schlicht. Sie suchten, um als Wissenschaftler Berechtigung zu erlangen, nach dem tieferen Sinn der Gefühlswelt, erfanden das Unterbewusstsein und konstruieren bis heute zuweilen auch recht abstruse Wirklichkeiten und Begründungen für das emotionale Erleben des Menschen.

Die Romantik zeichnet sich aber auch durch den Versuch und das Bestreben aus, dem Gewöhnlichen, dem Alltäglichen etwas Besonderes zu verleihen. Bis zu dieser Zeit stand Gott und seine Schöpfung im Mittelpunkt. Nun aber tritt der Mensch selbstbewusst ins Rampenlicht. Es ist seine Beziehung zur Welt, die ihn und seine Umwelt zu etwas Außergewöhnlichem macht. Das Interesse an Verherrlichung, Verfeinerung, Überhöhung, Hervorhebung ist ein wesentliches Grundanliegen der Romantik und durchzieht alle Bereiche: die Philosophie, die Literatur, die Natur und natürlich auch die Beziehung zwischen Mann und Frau.

Das Märchen als literarische Gattung wird erfunden. Die Brüder Grimm sammeln nicht nur die Geschichten und Sagen, sie schmücken sie auch im romantischen Stil aus. Ihr Ziel ist es, die einfache, naturnahe und doch vollkommene Erzählung des Volkes zu erhalten (vgl. Uerlings, 2009, S. 178 ff.). Novalis äußert sich zu den Märchen wie folgt: »In einem echten Märchen muss alles wunderbar, geheimnisvoll und unzusammenhängend sein – alles lebt. […] Die Natur muss auf eine wunderliche Art mit der gan-

zen Geisterwelt vermischt sein. […] Das Märchen muss zugleich
prophetische Darstellung, idealistische Darstellung sein.« Er prophezeit gar den Wandel der Geschichte: »Mit der Zeit muss die
Geschichte Märchen werden – sie wird wieder, wie sie anfing«
(zit. nach Uerlings, 2009, S. 177).

Das ist Romantik! Am Anfang war das Leben, rein und klar
wie in einem schönen Märchen, dann folgte das dunkle Mittelalter
und nun lassen die Romantiker das wahre, unverfälschte Leben,
den Menschen im Einklang mit der Natur und mit sich selbst
wiederauferstehen. Man denke nur an Schneewittchen, das wieder zu sich kommt, nachdem sie ein Prinz in seiner grenzenlosen
Liebe als Tote zu sich nimmt, bis das Wunderbare geschieht, ihr
der vergiftete Apfel aus dem Rachen fährt und sie lebt.

Liebe zwischen Schicksal und Kontrolle

Im 17. und 18. Jahrhundert gewinnt der Buchdruck an Bedeutung.
Manufakturen und die rasante technische Entwicklung erlauben
die Herstellung von Büchern in immer größeren Stückzahlen. Das
Bildungsbürgertum expandiert und in dieser Schicht wächst die
Nachfrage. Es sind Menschen mit höherer Bildung, oft mit aristo-
kratischen Wurzeln, und wohlhabende Bürger, oft mit politischen
und wirtschaftlichen Ämtern, die vom wachsenden Wohlstand
profitieren – Menschen, die über genügend Zeit verfügen, um
Bücher zu lesen und ins Theater oder die Oper zu gehen.

Der literarische Stil verändert sich, er ist weniger intellektuell,
weniger philosophisch, und orientiert sich thematisch mehr an
alltäglichen Themen. Im Roman des 17. und 18. Jahrhunderts
wird der Leser dazu angeregt, das Gelesene auf sich, auf sein
eigenes Leben zu beziehen. Die Fiktion der Buchgeschichte wird
zu etwas Realem. Die Geschichten schildern die tatsächlich erlebten Verwirrungen und Schwierigkeiten des Alltags. Sie schildern
auch mehr und mehr die gesellschaftlichen und psychologischen
Hindernisse des Kennenlernens, der Beziehungsbildung zwischen
Mann und Frau. Die Literatur zeigt die Überbleibsel höfischer

Schranken und zugleich die Probleme, die mit dem Wegfall der Ständegrenzen und der Ausbreitung des Bildungsbürgertums entstehen, auf.

Die neue Freiheit, sich über alte gesellschaftliche Grenzen hinweg begehren zu können, bringt neue Rituale und neue Konstruktionen von Liebe mit sich. Der Liebesroman und die Liebeslyrik entstehen, literarische Gattungen, die das Leid und die Freude im Zusammenhang mit Beziehungsanbahnungen abbilden. Der Leser wird eingeladen, einzutauchen, sich zu identifizieren und zu vergleichen. Der Briefroman entsteht und ist Vorbild für das Ritual, sich Liebesbriefe zu schreiben oder sich in Tagebüchern in der Selbstreflexion der eigenen Gefühle bewusst zu werden.

»Die Leiden des jungen Werther« von Johann Wolfgang Goethe aus dem Jahre 1774 stellt hierfür ein klassisches Vorbild dar. Ein junger Mann mit viel Freizeit, der noch nicht weiß, was er mit seinem Leben anfangen will, verliebt sich in eine junge hübsche Frau, die leider schon verlobt ist. Während die beiden gemeinsam ein Naturschauspiel beobachten, spüren sie ihre tiefe Seelenverwandtschaft und verlieben sich. Die Liebe kommt unerwartet und schicksalhaft über sie. Ihre flammenden Gefühle füreinander berechtigen sie, einander über gesellschaftliche Grenzen hinweg zu begehren. Doch die Geschichte geht nicht gut aus. Sie zerstört das bürgerliche Leben und endet mit Selbsttötung. Diese Dramatik gehört ebenso zur Liebe wie die brennende Leidenschaft. Mehr und mehr wird das Liebeskonstrukt der Romantiker im eigenen Leben, der eigenen Beziehung gesucht. Diese hohen Erwartungen an das Liebesleben werden zur neuen Glücksformel für das Bürgertum.

Es gibt aber auch nüchterne Betrachtungen, die sich in der Romantik jedoch nicht durchsetzen. Der französische Schriftsteller Marie-Henri Beyle (1783–1842), bekannter unter dem Pseudonym Stendhal, versuchte, das Wesen und die Gesetzmäßigkeiten des neuen Gefühls Liebe zu erfassen und beschreibt in seinem Essay »Über die Liebe« 1822 vier Formen des Liebeserlebens (Stendhal, 2007, S. 41 ff.):

1. *Die gepflegte oder galante Liebe:* Stendhal vergleicht sie mit der höfischen Liebe, wie sie Mitte des 18. Jahrhunderts in Paris üblich war. Ihr fehlt die Leidenschaft, die Überraschung und das Sinnliche. Sie zeigt sich wohlerzogen, steif und orientiert sich an den höfischen Umgangsformen. Er kritisiert diese Form der Liebe:»Wahrhaftig, zieht man von dieser armseligen Liebe die Eitelkeit ab, so bleibt herzlich wenig übrig, sobald ihre Hülle fällt, ist sie nur noch ein mühsam sich hinschleppender Schwächling« (S. 41).

2. *Die rein sinnliche Liebe:* Sie gewinnt laut Stendhal ab einem Alter von 16 Jahren an Bedeutung. Sie ist rein, weil sie ohne Hintergedanken und Eitelkeit ist, sie sucht das sexuelle Abenteuer und wird durch körperliche Reize, zum Beispiel eines hübschen frischen Landmädchens, ausgelöst.

3. *Die Liebe aus Eitelkeit:* Sie steht im Dienst der Eigenliebe.»Die allermeisten Männer, besonders in Frankreich, begehren oder besitzen eine schöne Frau als ein zum Luxus erforderliches Ding, so wie man sich ein schönes Pferd hält« (S. 42). Dieser Liebe fehlt ebenfalls die Leidenschaft, die Gewohnheit tritt in den Vordergrund. Wenn keine Aussicht besteht, etwas Besseres zu finden, dann kann sie zu einer beständigen, zuweilen auch wertvollen Freundschaft werden.

4. *Die Liebe aus Leidenschaft:* Sie ist das Verliebtsein, welches in ein erfüllendes Gefühl übergeht. Dieses Liebeserleben gibt es Stendhals Ansicht nach nicht nur zwischen Mann und Frau, sondern kann auch von Eltern ihren Kindern oder von einem Gläubigen Gott gegenüber empfunden werden.

Stendhal entwickelt auch eine Idee davon, was im Gehirn von leidenschaftlich Liebenden in der Phase des Verliebtseins geschieht. Das Gehirn, so nimmt er an, ist 24 Stunden lang mit einem Veredelungsprozess beschäftigt, in dieser Zeit ist es in Aufruhr. Nun nutzt er einen Vergleich, der beschreiben soll, was im Gehirn von Verliebten in dieser Phase der Liebe vor sich geht. Wer sich leidenschaftlich verliebt, so Stendhal, gleicht der Sole eines Salz-

bergwerks: Wirft man einen entlaubten Zweig dort hinein, überzieht er sich nach wenigen Monaten mit zahllosen Kristallen. Holt
man ihn wieder heraus, hat sich das ursprünglich kahle Geäst in
ein wunderschönes, wie von Diamanten blitzendes Gebilde verwandelt. Diese durch hirnphysiologische Prozesse hervorgerufene
Veredelung »eines kahlen Zweiges«, der symbolisch für den oder
die Angebetete steht, nennt er Kristallisation. Weitere Kristalli-
sationsprozesse folgen (vgl. Stendhal, 2007, S. 45 f.).

Folglich ist die leidenschaftliche Liebe nur ein Produkt des Liebenden, ein Ergebnis seiner Einbildungskraft. Sie basiert auf der
Idealisierung des Liebesobjekts und ist letztlich eine Illusion, die
einen kahlen Zweig mit Diamanten überzieht. Sein Buch verkauft
sich jedoch nicht sonderlich gut. Solche rationalen Erklärungen
zur Physiologie der Liebe treffen wohl nicht den Zeitgeist. Die
Sehnsucht nach Harmonie und emotionaler Leidenschaft in der
Ehe ist stärker als die Erkenntnis, dass es sich dabei nur um ein
Produkt der Einbildung handelt. Die Liebe soll eine Zauberkraft
bleiben und wird weiter hochstilisiert. So beschreibt Heinrich
Heine (1797–1856), der als Liebeslyriker verehrte Zeitgenosse
Stendhals, unbeeindruckt von dessen Kristallisationsidee: »Was
Prügel sind, das weiß man schon, was aber die Liebe ist, das hat
noch keiner herausgebracht« (Heine, 2002). Heine wollte die
Liebe nicht verstehen, sondern lediglich fühlen und erleben.

So geht die Aufklärung an der Liebe vorüber, davon will der
sonst so nüchterne Mensch nichts wissen, er will träumen. Die
Romantik erblühte Anfang des 19. Jahrhunderts vollends und
die Idee der Liebesehe setzte sich unaufhaltsam durch. Es wurde
immer unvorstellbarer, eine Ehe ohne die Liebe oder ihre Rituale
zu begründen. Wirtschaftliche Interessen der Herkunftsfamilien
oder die des Standes im Zusammenhang mit der Eheschließung
traten immer mehr in den Hintergrund.

Romantik im Übergang zum Frühkapitalismus

Der Liebescode des ausgehenden 18. Jahrhunderts ist zu eigen-
sinnig, zu wenig kontrolliert und passt nicht zu den gesellschaftlichen Anforderungen des erstarkenden Frühkapitalismus, in dem
Geld und das Privateigentum gegenüber dem Besitz an Grund
und Boden an Bedeutung gewinnen. Diese Epoche veränderte die
romantischen Vorstellungen durch ihr Versprechen, Menschen
auf andere Art und Weise glücklicher und zufriedener zu machen.

Mit der zunehmenden Verarmung des Adels, der Verbür-
gerlichung der Gesellschaft und der fortschreitenden Industrialisierung im 18. und 19. Jahrhundert bildeten sich familiäre
Strukturen heraus, die geeignet waren, den Frühkapitalismus
voranzutreiben. Zentrum der Familien waren Mann und Frau,
die in der Ehe miteinander verbunden waren. Die Vorherrschaft
und Verantwortung für Familie und Ehe lag trotz des zunehmenden partnerschaftlichen Verständnisses von Beziehung weiterhin
beim Mann. Er war das Oberhaupt der Familie, ausgestattet mit
dem Züchtigungsrecht gegenüber Frau und Kinder. Während
in dünn besiedelten ländlichen Regionen die Ehen noch lange
unter wirtschaftlichen Aspekten geschlossen wurden, spielten
diese Kriterien in der städtisch-bürgerlichen Gesellschaft eine
wesentlich geringere Rolle.

In den Städten mit industrieller Infrastruktur wurde der offene
Beziehungsmarkt immer größer. Es gab verschiedene Anstalten
des öffentlichen Lebens und der Kunst wie Theater, Opern oder
Badeanstalten, in denen Männer und Frauen außerhalb der Arbeit
aufeinandertrafen und Kontakte knüpfen konnten. Je größer aber
das Angebot bzw. die Auswahlmöglichkeiten, desto schwerer fiel
die Entscheidung. Es stellte sich die Frage: Wer mit wem? Wer ist
die oder der Auserwählte und woran erkennt man, wer die oder
der Richtige ist?

Als Entscheidungshilfe sprang der aus der Renaissance hinüber-
gerettete romantische Liebescode in Verknüpfung mit sexuellem Begehren, erlebt als Verliebtheit, ein. Stärkere körperliche
und emotionale Reaktionen in der Begegnung mit dem anderen

Geschlecht wurden als sichere Hinweise für die Richtigkeit der Auswahl genutzt. Nun musste man lernen, seinem Gefühl, seinem Herzen, eben der Liebe zu folgen. Doch man konnte sich jedoch nicht mehr von seinen Emotionen hinreißen und wegspülen lassen, man konnte nicht mehr in der Art Werthers lieben und seine Existenz oder gar sein Leben aufs Spiel setzen. Die Liebe sollte frei sein und intuitiv zur anderen Hälfte führen, aber sie musste dabei kontrollierbar sein, sonst taugte sie nicht als Grundlage einer lebenslangen wirtschaftlichen Existenz.

Die romantische frühkapitalistische Liebe entsteht, die Vorstellung, dass es einen Partner gibt, den man durch Liebe erkennt und dessen Liebe bis zum Lebensende anhält. Diese Liebe zeigt sich gezähmt, domestiziert und ritualisiert. Sie hat sich den wirtschaftlichen Prinzipien des frühen Kapitalismus angepasst. Der Mensch bestimmt nun selbst über sein Schicksal, nicht mehr die Liebe. Er entscheidet, ob oder inwieweit er dem Gefühl folgt und traut. Ein Konstrukt entsteht, welches bis heute in den meisten westlichen Gesellschaften in verschiedenen Varianten und Spielarten Beziehungsstandard ist. Der Mensch in der Wirtschafts- und Gesellschaftsordnung des Kapitalismus ist ein disziplinierter Mensch und er schafft sich eine disziplinierte Form der Liebe.

Die Konstruktion der Liebe im 19. und 20. Jahrhundert

»Den« Kapitalismus gibt es nicht, wenngleich im Folgenden der Begriff häufig generalisierend gebraucht wird. Je nachdem, aus welcher Perspektive man sich dieser Epoche nähert, treten unterschiedliche Merkmale zutage. Selbst Merkmale, die bei unterschiedlichem Zugang ähnlich aussehen, werden je nach Weltanschauung differierend interpretiert. Was in der Regel unbestritten ist, ist die Radikalität der gesellschaftlichen Veränderungen in den letzten zweihundert Jahren. So haben sich nicht nur die Produktions- und Besitzverhältnisse, die wirtschaftlichen, sozialen und politischen Rahmenbedingungen grundlegend gewandelt, sondern auch die Art und Weise, wie Menschen Beziehungen leben, und die Ansprüche, die sie insbesondere an Familie und Partnerschaft stellen. Ausgangspunkt meiner Kapitalismusdiskussion sind die sich verändernden Arbeits- und Lebensverhältnisse im Zusammenhang mit der Industrialisierung. Ich will versuchen, das Gefühlserleben, das Liebesverständnis von Menschen im Kapitalismus in Abhängigkeit von Konsuminteressen und Konsumzwang zu beschreiben. Mein Zugang ist eher sozialpsychologischer als wirtschaftswissenschaftlicher Natur.

Konsumgut Liebe und Sexualität

Nicht nur die steigende Lebenserwartung veränderte die Bedingungen für das bis dahin vorherrschende Verständnis von Partnerschaft und Sexualität. Der industrielle Kapitalismus und die mit ihm verbundenen Anforderungen und Lebensbedingungen beeinflusste wie keine andere gesellschaftliche Entwicklung das spätmittelalterliche Konstrukt von Liebe.

Schon der Begriff Partnerschaft ist vermutlich ein Ergebnis des Kapitalismus. Er beschreibt die Beziehung zwischen Mann und Frau als Unternehmung auf der Grundlage des Austauschprinzips. In einer Partnerschaft zu leben bedeutet, etwas zu tauschen. So ist der Mann für die Außenkontakte und die wirtschaftliche Absicherung der Familie verantwortlich, während die Frau ihm im Gegenzug häusliche Geborgenheit zur Regeneration seiner Arbeitskraft und die Versorgung und Erziehung seiner Nachkommen bietet.

Die Partnerschaft orientiert sich immer mehr an ökonomischen Prinzipien. In einer guten Beziehung herrscht unternehmerische Gerechtigkeit im Geben und Nehmen. Entwickelt sich in der Partnerschaft ein Ungleichgewicht, das heißt, es nimmt einer mehr, als er gibt, dann führt dies zu einem Erleben von Ungerechtigkeit, die verstärkt wahrgenommen dann in eine partnerschaftliche Krise führen kann, wenn nicht längerfristig wieder ausgeglichen wird.

In der Moderne steht der Konsum im Vordergrund, so auch in der Liebe. Man muss zunächst etwas in die Bildung der Partnerschaft und später in deren Erhalt investieren und kann dann, wenn man auf die »richtigen Aktien«, also den richtigen Partner, gesetzt hat, die Annehmlichkeiten einer Beziehung genießen. Zum selbstverständlichen Konsumgut einer Partnerschaft gehören die gegenseitige emotionale Versorgung und gemeinsame Freizeitaktivitäten, natürlich dürfen auch Sexualität und Liebe nicht fehlen. Eine Paarbeziehung soll auch im 21. Jahrhundert, im Zeitalter des globalisierten Kapitalismus, bestimmte Qualitätsstandards erfüllen: Befriedigend, sensationell und immer frisch soll sie sein und keine Abnutzungserscheinungen aufweisen.

In der Wirtschaftslehre und Wirtschaftsgeschichte wird der Kapitalismus meist in folgende drei Phasen unterteilt (hier nach Sieder u. Langthaler, 2010; Sieder, 2011):

–   der klassische liberale Kapitalismus vom letzten Drittel des 18. Jahrhunderts bis zum Ende des 19. Jahrhunderts, dazu zählt auch die Phase des Frühkapitalismus;

– der fordistische Kapitalismus vom Beginn des 20. Jahrhun-
    derts bis in die 1980er Jahre hinein und
– der neoliberale Kapitalismus seit den 1980er Jahren.

Ein Wesenszug des Kapitalismus gegenüber anderen vorangegangenen Gesellschaftsformen ist sein Versprechen, dass alle Menschen, die sich einbringen, die emsig produzieren und konsumieren, ein besseres Leben haben. Der industrielle Kapitalismus,
der die Massenproduktion hervorbringt und globale Vertriebs-
strukturen aufbaut, macht es möglich: Wohlstand für alle! Alle
werden glücklich: So lautet noch heute ein Slogan einer Beklei-
dungshandelskette.
    Auf Grund der höheren Produktivität, die mit der Industria-
lisierung in allen Wirtschaftsbereichen einhergeht, lassen sich in
immer kürzerer Zeit immer mehr Dinge herstellen und dementsprechend auch erwerben. Mehr Freizeit und eigener Wohnraum,
die vielleicht größten Errungenschaften des Kapitalismus, stehen
zur Verfügung, hier kann Liebe privat gelebt werden. Dies weckt
neue Sehnsüchte und Ansprüche an die Partnerschaft. Der Begriff
Sexualität taucht auf und wird zu einem unbedingten Mittel, sich
wohlzufühlen. Es entsteht auch hier der für den Kapitalismus
typische Anspruch auf Befriedigung eines Begehrens. Die Partner
werden von der zeitgenössischen Psychologie jeweils als Sexual-
objekte betrachtet und insbesondere die Psychoanalyse (Freud,
1989) diskutiert die Qualität der sexuellen Befriedigung und gibt
die entsprechenden Standards für Partnerschaften im Bürgertum
und Kleinbürgertum vor.

Liebe im industriellen Frühkapitalismus

Der industrielle Frühkapitalismus, eine Epoche, die etwa vom
letzten Drittel des 18. Jahrhunderts bis zum Ende des 19. Jahrhunderts reicht, verändert und adaptiert den Liebescode der romantischen bürgerlichen Liebe. Sieder (2010b, S. 56 ff.; 2011) stellt fest,
dass die unberechenbare Kraft der Liebe, die mächtig und gewaltig

über die Liebenden kommt und wie im Fall von Werther bis zur Vernichtung durch Selbsttötung führen kann, im industriellen Frühkapitalismus allmählich in eine Kraft verwandelt wird, die sich stärker kontrollieren lässt. Die Liebe verliert ihre Unberechenbarkeit und lässt sich nun bewusster zelebrieren, kanalisieren, aufsparen und gestalten. In der Partnerschaft soll die Liebe nicht mehr zerstören, sondern der individuellen Erholung dienen. So geht der Liebe nach und nach die anarchische Kraft verloren, in ihrem Namen werden nun keine Duelle mehr gefochten, keine Entführungen mehr vorgenommen und keine Existenzen mehr geopfert. Die Liebe wird entsprechend den Anforderungen des Frühkapitalismus sublimiert und kultiviert.

Die Verliebtheit führt direkt in das bürgerliche Eheleben, welches Ruhe und Entspannung bereithält und die Regeneration der Produktivkraft verspricht. Das Stürmische in der Begegnung zwischen Mann und Frau, wie es Goethe und andere seiner Zeitgenossen in der Liebeslyrik noch im letzten Viertel des 18. Jahrhunderts proklamieren, wird in die Leidenschaft für Besitz und Unternehmung umgewandelt. Der Mann genießt in dieser Liebe die persönlichen Dienste der Frau und diese findet ihr Glück im Großziehen der gemeinsamen Nachkommen und der Pflege des inzwischen erworbenen Eigentums. Der anarchische Teil der romantischen Liebe, der einst an Erotik und sexuelle Lust gebunden war, weicht einem disziplinierten Eheleben und lässt erstmals Langeweile und das Gefühl des Unbefriedigtseins aufkommen.

Die Langeweile ist der größte Nachteil der Erfindung Freizeit, sie bringt die Unzufriedenheit in die Partnerschaft und Liebe. Während sich der Mann als Produktivkraft im öffentlichen Leben bewegt und sich außerhalb der Ehe zerstreut, versucht die Frau die aufkommende Langeweile mit der liebevollen bis aufopferungsvollen Sorge um den Nachwuchs zu überwinden. Die Mutterliebe, deren Wurzeln im angeborenen Fürsorgetrieb zu suchen sind, wird konstruiert und mehr und mehr idealisiert.

So erobert im Frühkapitalismus der Mann die Welt und macht sie sich mit seinen technischen Erfindungen untertan, und die

Frau, die die Welt durch die Augen des Mannes sieht, richtet ihre
Leidenschaft auf die Kinder aus und investiert ihre Liebe in das
Heim. Sie vertreibt sich die Freizeit zudem mit dem Lesen von
schöngeistiger Literatur, geht ins Theater und besucht andere
moralische Anstalten der damaligen Zeit. Wie schon angedeutet,
verändert sich die Sprache in der Literatur. Die in der zeitgenössischen Literatur dargestellten Menschen, die Helden in den
Romanen, sind selbstreflektierte, höchst individuelle Charaktere.

Dies ist eine Folge der veränderten Sicht des Menschen auf
sich selbst. Der einzelne Mensch erlebt sich auf Grund der revolutionären technischen und mechanischen Erfindungen seiner Zeit
als wirksamer gegenüber der Umwelt, der Natur. Er bedient einen
Hebel mit minimalem Kraftaufwand und tausendmal stärker ist
die Kraft, die er damit freisetzt. Jeder einzelne Mann ist etwas
Besonderes und vermag etwas zu bewegen. Damit wird auch die
Frau, die in dieser Zeit zu einem Mann gehört, zu etwas Besonderem. So wird die Frau des Amtsrats zur Frau Amtsrat und die des
Pfarrers zur Frau Pfarrer. Die kontrollierte bürgerliche Liebe in der
Ehe des Frühkapitalismus hat jedoch nicht genügend Kraft und
Leidenschaft, die sexuellen Bedürfnisse der Einzelnen zu befrie-
digen. So verschafft sich der Mann Erfüllung im außerehelichen
Geschlechtsverkehr, dem ein diskreter Seitensprung zugestanden
wird (Sieder, 2011). Die Frau stillt ihre Sehnsucht eher in Träumen,
mit Lyrik, mit Theater und den in dieser Zeit aufkommenden Lie-
besromanen. Denn sie bezahlt eine reale Affäre, wird sie offenbar,
in jener Zeit mit dem Verlust ihrer Ehre und dem Verstoß aus der
Familie. Noch gilt bei Scheidung das Schuldprinzip und in der
Beziehung hat der Mann das Recht, seine Ehefrau zu züchtigen.

Menschen, die nicht in bürgerlichem Wohlstand leben, benötigen das feingeistige Liebeskonstrukt nicht. Sie sind oftmals vom
kirchlich-staatlichen Recht auf Eheschließung ausgeschlossen.
Ihre Partnerwahl wird weniger vom Gefühl der Liebe bestimmt
als vielmehr von sexueller Leidenschaft, was häufig zu Polygamie
und unehelichen Kindern führt, die dann ihrerseits ohne gesellschaftliches Ansehen aufwachsen und sich wie ihre Eltern als

Tagelöhner verdingen oder als Schnitter durch das Land ziehen. Die weitgehend besitzlosen Frauen wie Landarbeiterinnen und Mägde besingen in ihren Liedern die körperliche und nicht die romantische Liebe.

Großen Einfluss auf das allgemeine Verständnis von körperlicher Liebe und auf die Konstruktion des Liebesbegriffs übte der Tiefenpsychologe Sigmund Freud (1856–1939) aus, der in der Epoche des Übergangs vom industriellen Frühkapitalismus zum fordistischen Kapitalismus lebte. Seine Schrift mit dem Titel »Das Unbehagen in der Kultur«, die 1930 erschien, wirkte in die nachfolgenden Jahrzehnte hinein (Freud, 1972). Freud selbst war kein Fabrikarbeiter, der es durch seiner Hände Tun zu einem bescheidenen Wohlstand gebracht hatte. Dennoch ist sein Leben und sein beruflicher Ehrgeiz typisch für die Entwicklungsmöglichkeiten, die diese Zeit mit sich brachte.

Sigmund Freud stammte nicht wie seine Frau, Martha Bernays, aus einer gutbürgerlichen Familie, sondern eher aus den bescheidenen Verhältnissen eines kleinbürgerlichen Milieus. Sein Leben zeigt deutlich, wie man mit Fleiß und guten Ideen zur richtigen Zeit erfolgreich sein kann. Auch Freuds Werben und seine Ehe sind in gewisser Weise beispielhaft für diese Zeit. Als er seine große Liebe kennen lernte, war er 26 Jahre alt und bereits Doktor der Medizin und hatte es mit Anstrengung und Sparsamkeit schon zu einer beachtlichen Karriere gebracht. Doch reichte diese nicht aus, um die fünf Jahre jüngere Martha, mit der er sich bereits nach zwei Monaten Bekanntschaft verlobte, schon bald danach heiraten zu können. Noch fehlte ihm das Vermögen oder der Verdienst, einen eigenen Hausstand gründen zu können. Zur Zeit seiner Verlobung lebte Freud eher bescheiden in einem Zimmer der Klinik, in der er gerade seinen Dienst verrichtete, und war noch abhängig von den finanziellen Zuschüssen seines Vaters. Es vergingen vier lange Jahre des Wartens und des fleißigen Arbeitens, bis Sigmund Freud die Frau aus besseren Verhältnissen heiraten konnte.

Er schrieb seiner Martha aus Wien und anderen Aufenthaltsorten regelmäßig Briefe nach Wandsbek bei Hamburg. Seine

Briefe spiegeln die Liebeskonstruktion und den emotionalen
Zustand des frühen industriellen Kapitalismus wider. So gibt es
immer noch viele Ausflüge in die romantische, sich selbst ver-
zehrende Liebe, aus denen die Bereitschaft zur Hingabe und die
Sehnsucht nach dem Einssein mit der Geliebten sprechen. So liest
man in den Briefen an Martha: »unglücklich genug, Dir schreiben
zu müssen, anstatt Deine süßen Lippen küssen zu dürfen«, »Mein
teures, heißgeliebtes Mädchen«, »Prinzesschen«, »geliebtes Bräut-
chen«, »hohe Herrin«, »süßes Lieb«, »Lebe wohl und vergiss nicht
den armen Mann, den Du so selig gemacht hast«.

Und es gibt die sachlichen, selbstreflektierten, distanzierten
Schilderungen des Alltags, die aufzeigen, wie geduldig und diszi-
pliniert sich ein Angestellter, der etwas vom Kuchen des Kapitalismus abhaben will, verhält: »Ich habe einige Blätter aus meinem
Arbeitsbuch herausgerissen, um Dir, während mein Versuch vor
sich geht, zu schreiben. Die Feder ist von Professors Arbeitstisch
gestohlen, die Leute um mich glauben, dass ich meine Analysen
ausrechne. […] vor mir kocht es in meinem Apparat und brodeln
die Gasblasen, die ich einleiten muss. Das Ganze predigt wieder
Entsagung, Warten« (zit. nach Markus, 1996, S. 55 ff.). Die anarchische Kraft der romantischen Liebe muss unterdrückt und die
Erfüllung der Sehnsucht verschoben werden. Wer sich und sein
Begehren kontrolliert, hat als Arbeiter und Angestellter Erfolg und
wird dafür später mit Liebe und Konsum belohnt. Die Bedeutung
des Geldes zur Erlangung von Glück erfährt Freud in der Zeit des
langen Wartens auf seine Geliebte. So ist es nicht verwunderlich,
dass Freud die Triebkontrolle zeit seines Lebens thematisiert.

In späteren Schriften wie »Das Unbehagen der Kultur« diskutiert er den Gegensatz von Trieb und Kultur und versucht,
generell die Frage nach dem Sinn des Lebens zu beantworten. Er
popularisiert eine Verwandtschaft zwischen Lustbefriedigung und
Glück und macht die Begriffe Sexualität und Libido gesellschafts-
fähig. Seine Grundannahme ist, dass die Kultur die entscheidende
Quelle des Unglücks ist, weil sie die spontane Triebbefriedigung
verhindert. Glück ist im strengeren Sinn die spontane Befriedi-

gung angestauter Bedürfnisse und »ist seiner Natur nach nur ein episodisches Phänomen« (Freud, 1972, S. 75).

Die Befriedigung des Sexualtriebs wird mit Liebe gleichgesetzt und führt nach Ansicht von Freud zu Partnerschaft, Ehe bzw. zur Familienbildung. »Die genitale Liebe führt zu neuen Familienbildungen, die zielgehemmte zu Freundschaften, welche kulturell wichtiger werden, weil sie manchen Beschränkungen der genitalen Liebe, z. B. Ausschließlichkeit, entgehen« (Freud, 1972, S. 95). Unter zielgehemmt versteht Freud hier die durch moralische Normen und gesellschaftliche Rahmenbedingungen unterdrückte, kontrollierte spontane Bedürfnisbefriedigung. Nur so lässt sich die archaische, aggressive Energie des Sexualtriebs kanalisieren und gleichzeitig für den Kapitalismus, also das allgemeine Streben nach mehr Wohlstand, nutzen. Der Sinn des Lebens besteht für Freud darin, nach Lust und damit auch nach Liebe und Glück zu streben. Doch er räumt ein, dass die Kultur, die Gesellschaft, die sich des Glücksstrebens als Triebkraft bedient, die Glückserwartungen des Einzelnen nie ganz erfüllen können wird. Diese Theorie spiegelt den damaligen Zeitgeist sehr gut wider.

Freuds Diskurse laden ein, Sexualität, Liebe und Glück gleichzusetzen. Dies ist in der Folge immer wieder geschehen, so dass bis heute Liebe und Glück als Einheit verstanden und gesucht wird. Für den modernen neoliberalen Kapitalismus, in dem Liebe zu einem Konsumartikel wird, ist diese Gleichsetzung nicht unproblematisch. Liebe und die Sexualität können angesichts überhöhter Erwartungen schnell verschleißen und laufen Gefahr, ebenso rasch gegen etwas Neues ausgetauscht zu werden.

Liebe im fordistischen Kapitalismus

Alle werden glücklich: Das Versprechen eines besseren Lebens

In den USA kommt es in den 1910er Jahren zu einer entscheidenden Qualitätsveränderung des Kapitalismus. Konsumartikel für alle Menschen werden zu immer günstigeren Preisen am Fließ-

band hergestellt. Impulsgeber dieses Entwicklungssprungs ist
die Automobilindustrie (Schramm, 2010). Henry Ford baute ab
1914 die ersten Fahrzeuge des Ford-T-Modells am Fließband und
macht das Versprechen des Frühkapitalismus (»alle werden glücklich«) auf höherem Niveau endlich wahr. Nach der Umstellung
der Produktion auf Fließbandfertigung wurde der Verkaufspreis
des Ford T von 850 Dollar auf sensationelle 370 Dollar gesenkt.

Ford nutzte als einer der ersten Großindustriellen den
Synergieeffekt zwischen Massenproduktion und Kaufkraft der
Arbeiter und erhöhte mit der Fließbandproduktion den Lohn
seiner Arbeiter auf fünf Dollar pro Tag. Das war mehr als das
Doppelte des damals üblichen Tageslohnes. Außerdem senkte er
die Arbeitszeit auf acht Stunden. Seine Idee, dass sich die Arbeiter
irgendwann die Autos leisten können, die sie bauen, war ebenfalls
revolutionär und stellte eine nachhaltige Arbeitsmotivation dar.
So wurde der Ford T bis 1972 das meistverkaufte Auto der Welt.

Die Fließbandfertigung beschleunigte die Entwicklung des
Kapitalismus erheblich. Produkte konnten in viel kürzerer Zeit
in immer höheren Stückzahlen und zu einem günstigeren Preis
hergestellt und verkauft werden. Nun hatten auch Arbeiter, Handwerker und Angestellte Teil am Gewinn und Aufschwung des
Kapitalismus. Der Konsum und auch die Teilhabe an der Produktion waren nicht mehr ausschließlich dem Bürgertum vor-
behalten. Fast jeder konnte sich nun für ein durchschnittliches
Jahreseinkommen ein Automobil kaufen.

Das Automobil war und ist das Symbol für Freiheit, Wohlstand und Mobilität – Lebensqualitäten, die der Kapitalismus
allen Schichten der Gesellschaft verspricht. Eine neue kaufkräftige
Schicht wuchs heran, die arbeitende Mittelklasse. Das städtische
Bürgertum, das sich bis dahin aus Kaufleuten, Unternehmern und
Beamten zusammensetzte, erfuhr nach und nach eine Erweite-
rung und integrierte Handwerker, Gewerbetreibende, Arbeiter
und Angestellte (Sieder, 2010a). Das Kleinbürgertum wurde zum
Ende des fordistischen Kapitalismus um die 1970 bis 1980er Jahre
zur größten gesellschaftlichen Schicht in allen Industrieländern.

In den 1920er und 1930er Jahren hält der fordistische Kapitalismus in Europa und schließlich auch in Deutschland Einzug. Er verändert die Arbeits- und Lebensgewohnheiten vor allem der Menschen, die bis dahin über keinen nennenswerten Wohlstand verfügt hatten. Nun spielen sie als Arbeiter und Angestellte in den Fabriken und im Einzelhandel eine immer größere Rolle. Sie bilden als Produktivkräfte und Konsumenten eine tragende Säule des Wirtschaftssystems und gehen mehr und mehr im Bürgertum auf, welches sein Gesicht verändert und seine elitären Züge verliert.

Mit den Lohnarbeitern und Angestellten entwickeln sich die Gewerkschaften und ihr Einfluss auf die Arbeitgeber wächst. Sie erkämpfen immer mehr Freizeit und Lohnerhöhungen für ihre Mitglieder. Insbesondere nach dem Zweiten Weltkrieg wird das Wirtschaftssystem durch die Bereitstellung arbeitsfreier Wochenenden und eines Acht-Stunden-Arbeitstags noch konsumfreundlicher. Der anarchische Anteil der romantischen Liebe wird weiter befriedet (Sieder, 2011). Disziplin wird zu einem höheren Wert als Leidenschaft. Das Familienleben, das Liebesleben wird vom Rhythmus des Kapitalismus bestimmt. Dieser definiert die Arbeits- und Konsumzeiten des Menschen in den industriell geprägten Groß- und Kleinstädten, die in dieser Zeit explosionsartig wachsen.

Die Weltwirtschaftskrise von 1929 bis 1933 und ihre Nachwehen sowie die beiden Weltkriege bremsen den Trend des stetigen Wachstums in Europa vorübergehend. Nach dem Zusammenbruch des Welthandels und dem damit verbundenen Verlust des Vertrauens in den internationalen Kapitalmarkt gewinnt in den westeuropäischen Ländern die Binnenkonjunktur an Bedeutung (Hardach, 2010). Als Konsum- und Wirtschaftsmotor rückt die Familie im eigenen Land noch stärker ins Blickfeld. Die neuen Produkte, die die Hausarbeit erleichtern sollen und noch mehr Freizeit versprechen, werden nun vor allem hier beworben und verkauft.

Nach dem Zweiten Weltkrieg, von etwa 1955 bis 1962, trat der fordistische Kapitalismus in Deutschland seinen Siegeszug an,

das »Wirtschaftswunder« ereignete sich. Vor allem Deutschland
hatte Nachholbedarf, der Wiederaufbau kurbelte die Konjunk-
tur an. Endlich ging es auch der breiten Mittelschicht besser, die
begehrten Güter rückten in greifbare Nähe. Nun war Haushalten
angesagt, um sich bald das gewünschte Radio, Moped oder gar
Auto kaufen zu können.

Der amerikanische Kapitalismus, der die Krisen der 1930er
und 1940er Jahre schnell überwand, wurde mit all seinen Errungenschaften zum Vorbild des Nachkriegseuropas. Zuerst kamen
der Swing und später, in den 1950er und 1960er Jahren, der Rock'n
Roll, die Hollywood-Filme und schließlich der gesamte American
Way of Life nach Deutschland und mit ihm das Lebensgefühl von
Freiheit. Die Alltagskultur wurde vom Massenkonsum bestimmt.
Das sich ständig vergrößernde Angebot an Konsumgütern und
die wachsende Kaufkraft ließen eine äußerst einflussreiche Wer-
beindustrie entstehen. Sie brachte die entsprechenden Produkte
ins Bewusstsein der potenziellen Konsumenten und bewertete sie
gleichzeitig emotional (Illouz, 2007, S. 64 ff.; Sieder, 2011).

Doch nicht alles, was die Werbung den Menschen für ein
besseres Leben verspricht, ist sofort zu erreichen. Sparsamkeit
wird zu einer neuen Tugend. Dies ist bis dahin kulturgeschichtlich beispiellos: Kein Staat, kein König, keine äußere Autorität
vermochte diese umfassende und weitreichende Form kollektiver
Selbstdisziplinierung auszulösen, wie der Kapitalismus der Nachkriegsjahre dies im Zusammenspiel mit der Werbewirtschaft tat.
Eine ganze Nation geht freiwillig zur Arbeit, sie erlegt sich selbst
Enthaltsamkeit auf und hat dabei noch das Gefühl von Freiheit,
weil mit der Disziplin die Produkte, die von der Werbung mit
noch mehr Lebensglück besetzt werden, erreichbar werden.

Hollywood- und Schlagerwelten:
Die Nachahmung der medialen Liebe

Die Entwicklung der Selbstdisziplin, die viele Bereiche des Lebens
durchzieht, bleibt nicht ohne Konsequenzen für den familiären
und partnerschaftlichen Bereich. Fleiß, Sauberkeit, eine ordent-

liche Wohnung mit Kühlschrank und später mit Fernseher, im Durchschnitt zwei wohlerzogene Kinder und etwas körperliche Liebe sind die angestrebten Eckpfeiler des Alltags. Selbst die Freizeit, der Urlaub verläuft wohlorganisiert und geplant. Ordentlich arbeitete man die einzelnen Besichtigungspunkte ab und ist insbesondere im Urlaub voller Erwartung, dass sich die Liebe hier von ihrer besonderen Seite zeigt.

Es gibt viele Schlager, die die Liebe in der Ferne unter blauem Himmel und am weißen Strand besingen. Die einst so anarchische, alles ergreifende romantische Liebe wird zu einer in homöopathischen Dosen tröpfelnden Imagination, die an den Erwerb und Besitz bestimmter Produkte gekoppelt wird. Längst hat die Werbung Massenwaren mit Erotik und Leidenschaft und vor allem mit der Liebe besetzt. So singt Howard Carpendale 1970 in einem Schlager: »Das schöne Mädchen von Seite eins, das will ich haben und weiter keins, vom Katalog aus dem Versandhaus, möchte ich das Mädchen von Seite eins.« Dieses Phänomen bezeichnet Illouz als die »Romantisierung der Waren und die Verdinglichung der romantischen Liebe« (2007, S. 53).

Nach Sieder (2011) löst sich damit die romantische Liebe auch aus ihren religiösen Bezügen. Während in der romantischen Liebe die oder der Geliebte noch als göttlich erlebt wird, sind sie es zum Ende der Ära des fordistischen Kapitalismus nur noch im metaphorischen Sinn. Das Heilige, das Besondere und Einmalige liegt nun nicht mehr unbedingt in der Person an sich, sondern in den mit dieser Person verknüpften Waren. So empfindet man vielleicht Liebe, während man im offenen Cabrio dem Sonnenuntergang entgegenfährt und der Geliebte möglicherweise einem Schauspieler aus einem aktuellen Hollywood-Film ähnelt. Man ist verliebt in den Kontext, der schon unzählige Male in der Werbung die Erfüllung des Glücks und der Sehnsucht prophezeit hat. Liebe wird zu einem unbewussten Nachahmungsprozess von Szenen aus Filmen und Schlagern.

Das Kino erklärt den Menschen, was Liebe ist, wie sich Liebende verhalten und welche verbalen Floskeln zum gegensei-

tigen Gestehen der Liebe benutzt werden sollten (Sieder, 2011).
Die Freizeit- und Unterhaltungsindustrie versetzt Kinowelten in
die reale Welt und verkauft die Illusion Liebe. Der Besuch von
Bars, Kinos und Tanzlokalen, später Diskotheken, Urlaube und
natürlich Autos unterstützen die Herausbildung dieses Gefühls,
garantieren es manchmal sogar, wenn man der Werbung jener
Zeit glaubt. Und das tun die meisten Menschen, die über Kaufkraft verfügen und sich für ihren Fleiß und ihre Disziplin belohnen wollen. Die Konsumenten des breiten Mittelstandes, die
längst verlernt haben, ihre eigene, individuelle Liebe zu erfinden,
wollen die Produkte und die Kontexte, die Liebe versprechen,
erwerben.

Kaum ein Film ohne Liebeshandlung lässt sich seit den 1930er
Jahren noch gewinnbringend verkaufen. Untersuchungen zeigen,
dass 95 % aller Hollywoodfilme eine Liebesbeziehung als Haupt-
handlungsstrang aufweisen, und dass das sogenannte Happy End
die Liebenden meist in Ehe und Familie zeigt (Illouz, 2007). Der
Kinobesuch wird zu einem festen Ritual der Beziehungsanbah-
nung, hier erleben viele ihren ersten Kuss.

Neben Film und Fernsehen gewinnen Schlager an Popularität.
Sie bebildern Liebesfantasien und untermalen sie musikalisch.
»Rote Rosen aus Athen sagen dir, komm recht bald wieder« oder
»Deine Spuren im Sand, die ich gestern fand« oder »Marmor, Stein
und Eisen bricht, aber unsere Liebe nicht« sind metaphorische
Kontexte, die durch Schallplatten und das Radio im Bewusstsein,
vor allem aber im Unterbewusstsein von Millionen von Frauen
und Männern haften bleiben und deren Liebeskonstrukte prägen.
Texte und Melodien, Filme und Werbung geben den Takt und die
Bilder vor, nach denen die Liebe zu erwarten ist. Sie beeinflussen
die Such- und Erwartungshaltung hinsichtlich unseres Begehrens
nach körperlicher Nähe.

Die Erwartungen an das Gefühl von Begehren, Zuneigung
und emotionalen Sensationen, also die Liebe, sind durch die per-
manente Präsenz in den Medien sehr hoch. Liebe wird mehr und
mehr zu einem imaginären Konsumartikel, zu einem Event, zu

einer emotionalen Sensation, die man sich kauft. Eine Vision von Liebesglück – Sexualität erfährt in diesem Zusammenhang eine Abwertung – wird erschaffen und die breite Masse folgt dieser Illusion, wenngleich das Produkt Liebe nicht alle Sehnsüchte erfüllen kann. Deshalb mahnt Erich Fromm (1986) in der Blüte des fordistischen Kapitalismus in seinem Buch »Die Kunst des Liebens«, erstmals 1956 in Deutschland erschienen, zur Besinnung, zur Umkehr und zur Selbstgestaltung der Liebe.

All you need is love: Die Liebe der Hippies

»All you need is love«, sangen die Beatles erstmals im Jahre 1967 und gaben damit den musikalischen Auftakt zu einem weitreichenden Jugendprotest. Dieser Protest hatte seine Wurzeln auch in der amerikanischen Friedensbewegung, die ihren gesellschaftspolitischen Höhepunkt im Widerstand gegen den Vietnamkrieg fand. Die Friedensbewegung prägte das Motto »Make love, not war«. Zum Zeichen ihrer Friedfertigkeit und Liebesbereitschaft trugen die Jugendlichen, Hippies genannt, Blumen in ihrem langen Haar und sie propagierten die freie Liebe, die sie selbst versuchten in sogenannten »Love-ins« und in mehr oder weniger offenen Beziehungen zu leben. Die Demonstration für Frieden, Freiheit, Mitbestimmung, freien Drogenkonsum und Nonkonformismus wurde zu einer globalen Bewegung, die schnell auch Europa und Deutschland erreichte.

In der Studentenbewegung von 1968 organisierte sich der Widerstand gegen verschiedene bürgerliche und gesellschaftliche Werte in Deutschland. Die Hippiebewegung richtete sich unter anderem gegen die Unterdrückung der Sexualität, gegen die viktorianische Ehe, gegen die autoritären Strukturen des Kapitalismus, des Geldes und gegen den Konformismus des Kleinbürgertums. Insbesondere ihre Haltung zur freien Liebe, die auch außereheliche Sexualität und Promiskuität meinte, führte zu einer sexuellen Revolution zunächst in den westlichen Industrienationen. In den 1950er Jahren war das Thema Sexualität tabu. Einem unverheirateten Paar die Gelegenheit

zur »Unzucht« zu bieten, stand ebenso unter Strafe wie Homosexualität. Dieser rigiden Sexualmoral sagte die 68er-Bewegung
den Kampf an.

Die Antibabypille machte die sexuelle Revolution praktizier-
bar. Sie kam 1960 in den USA und 1961 in Westdeutschland auf
den Markt. Vier Jahre später wurde sie auch in Ostdeutschland
verschrieben und kostenlos in der Apotheke ausgegeben. Mit
der Möglichkeit der gezielten Geburtenkontrolle ließ sich sexuell
besser experimentieren. Im Zuge der breiten Diskussion um die
richtige Liebe und Sexualität entwickelte sich in den 1970er auch
die Schwulen-, Lesben- und Frauenbewegung. Insbesondere die
Frauenbewegung erkannte sehr schnell, dass der Kapitalismus
die sexuelle Revolution zu vermarkten begann, und sie pran-
gerten an, dass besonders Frauen als Sexobjekte dargestellt und
entwürdigt wurden.

Das konservative Kleinbürgertum kritisierte die Bewegung
der Hippies anfänglich scharf und bezeichnete sie als Gammler
und als Schmarotzer der Gesellschaft. Der Österreicher Freddy
Quinn, der mit Seemannsliedern berühmt wurde und seinerzeit
zu den großen Schlagerstars zählte, sang sich seit 1956 mit dem
Lied »Heimweh« und besonders 1963 mit »Junge, komm bald
wieder« in die Herzen einer ganzen Nation. Er war es auch, der
1966 mit dem Lied »Wir« die Hippiebewegung öffentlich diffa-
mierte, als bereits die Rolling Stones und die Beatles den Ton in
der deutschen Jugendmusik angaben. Das »Wir« war bei Quinn
ein Synonym für die breite Mittelschicht Deutschland. Und so
sang er: »Wer will nicht mit Gammlern verwechselt werden, wir!
Wer sorgt sich um den Frieden auf Erden, wir! Ihr lungert herum
in Parks und in Gassen, wer kann eure sinnlose Faulheit nicht
fassen, wir! Wir! Wir! Wer hat den Mut, für euch sich zu schämen, wir!« Der mehrfache Gewinner des Otto, ein Musikpreis der
Jugendzeitschrift Bravo, distanzierte sich später von diesem Lied
und dem darin enthaltenen reaktionären Gedankengut. Sein Lied
und auch andere konservative Bestrebungen konnten die globale
sexuelle Befreiung jedoch nicht aufhalten.

Die Ansicht einer breiten Mittelschicht, dass Liebe für die Hippies lediglich schneller und freier Sex bedeutet, wurde von den Hippies selbst verneint. Ein zeitgenössischer Autor erhielt diesbezüglich von einem Mädchen folgende Antwort: »Nein, so ist das nicht. Sex ist nur ein Ausdruck der Liebe, und es ist nichts falsch am Sex. Wenn sich ein Junge und ein Mädchen im Sex vereinen, ist das eine echte Äußerung der Liebe. Aber das begreifen die Menschen noch nicht. Sex war immer tabu. Wir stellen den Sex ehrlich an den Platz, an den er gehört. Wir trennen Sex und Liebe nicht. […] Sex, so wie wir ihn pflegen, ist und bleibt eine Äußerung der Zuneigung. Es gibt nichts, was die Menschen einander so nahebringen kann« (zit. nach Coulter, 1969, S. 90). Liebe war für die meisten Hippies ein universeller Begriff und die Inhalte, die sie damit beschrieben, reichten weit über den Wunsch nach freier, unverklemmter Sexualität hinaus. Liebe war vor allem ein Begriff für Offenheit und bedeutete individuelle Freiheit und die Unabhängigkeit von gesellschaftlichen und moralischen Zwängen. Liebe bedeutete auch Frieden: innerer Frieden, Frieden mit der Natur und zwischen den Menschen. Liebe bedeutete Harmonie in allen Bereichen des Lebens.

Die Dr.-Sommer-Ära: Nationale Aufklärung und sexueller Wohlstand

Im Zuge der neuen Offenheit bot Martin Goldstein alias »Dr. Sommer« in der Jugendzeitschrift Bravo erstmals im Oktober 1969 Rat in Sachen Liebe, Sex und Zärtlichkeit an. Die Zielgruppe von Oswalt Kolle, Vorkämpfer der sexuellen Aufklärung im Westen Deutschlands, war wesentlich breiter. Er galt in den 1970er Jahren als »Sex-Papst« und erreichte mit seinen Büchern und Filmen über die Jugend hinaus auch die breite deutsche Mittelschicht. Sein Film »Das Wunder der Liebe« und das gleichnamige Buch (Kolle, 1968) wirbelten viel Staub auf und wurden von Konservativen und der Kirche lange als Pornografie abgelehnt. Er war es, der Sexualität öffentlich machte und den wissenshungrigen Menschen sein Verständnis von Liebe darlegte. Wenn Kolle von Liebe spricht, dann meint er in erster Linie jedoch körperliche Liebe. Sie basiert nach Kolle »auf handwerklichem Können, Beherrschung der entsprechenden Körperfunktionen und dem Wissen von den gegebenen körperlichen und seelischen Möglichkeiten« (Kolle, 1968, S. 165).

Er richtet sich nicht nur an die Jugend, sondern mit ganz konkreten Ratschlägen auch an Ehepaare, deren Liebesleben eingeschlafen ist. Kolle setzt auf sexuelle Techniken und auf Wissen. Er beschreibt verschiedene Varianten sexueller Interaktion und publiziert die Erkenntnisse soziologischer Untersuchungen seiner Zeit. Liebe und Sexualität werden in seinen Diskursen begrifflich kaum voneinander getrennt und verschwimmen immer wieder. Beim Versuch, die Begriffe zu unterscheiden, zitiert er den Psychotherapeuten Theodor Reik, der sie wie folgt definiert: »Sexualität ist ein biologischer Drang, ein Produkt chemischer Prozesse innerhalb des Organismus; Liebe ist ein emotional starker Wunsch, eine Schöpfung der persönlichen Phantasie. [...] Beim ersten sucht der Mensch nach körperlicher Befriedigung, beim zweiten strebt er nach Glück. Beim ersten handelt es sich um die Wahl eines Körpers, beim zweiten um die Wahl einer Persönlichkeit« (zit. nach Kolle, 1968, S. 32).

Meines Erachtens ist dies eine gelungene Unterscheidung. Leider wird die Liebe als Produkt der persönlichen Fantasie in den Liebesdiskursen von Kolle wenig diskutiert. Das körperliche Funktionieren und die Aufklärung darüber stehen im Vordergrund. Dennoch vertrat er die Auffassung, dass das Zusammentreffen von beiden, Liebe und Sexualität, ideal wäre. Liebe und die Sehnsucht nach Glück werden eng miteinander verknüpft.

Glück in der Partnerschaft bedeutet in erster Linie Harmonie, also wenig Auseinandersetzung und Streit in der Beziehung. Unter Glück versteht man in den 1960er und 1970er Jahren auch Wohlstand, den man im trauten (Eigen-)Heim mit ein bis zwei Kindern genießt. Mann und Frau gehen aufmerksam und achtungsvoll miteinander um und freuen sich auf ihren wohlverdienten Sommerurlaub, vorzugsweise in Italien, in den sie mit dem eigenen

Mittelklassewagen fahren. Die soziale Marktwirtschaft verspricht dem Tüchtigen materiellen Wohlstand und Oswalt Kolle allen, die bereit sind, entsprechende handwerkliche Fähigkeiten zu entwickeln, sexuellen Wohlstand.

Auch im Nachbarland, in der DDR, verspricht die Einheitspartei (SED) den Bürgern Wohlstand, der allerdings insgesamt niedriger ausfällt und in vielen Bereichen lange auf sich warten lässt. So betrug beispielsweise die Wartezeit auf einen Mittelklassewagen 13 bis 15 Jahre. Bezüglich der Sexualität, wie ich später noch genauer beschreiben werde, kam es jedoch zu keinen Engpässen. Zwar gab es keine Erotikshops wie in der BRD – den ersten eröffnete Beate Uhse 1962 in Flensburg –, doch auch im Osten erlebte die Sexualmoral ab den 1960er Jahren eine tief greifende Umgestaltung.

Ein Buch, welches auch in der DDR gelesen wurde, weil Verwandte es heimlich über die Grenze geschmuggelt hatten, war »Die offene Ehe« von Nena und George O'Neill. Dieses Konzept richtete sich gegen das traditionelle Eheverständnis. Es erschien in Westdeutschland erstmals 1972. In den USA war das Buch nach seinem Erscheinen monatelang ein Bestseller. Das Ehepaar O'Neill verstand unter einer offenen Ehe eine Beziehungsform, die die Gleichheit der Geschlechter propagierte. Mann und Frau sollen in der Ehe das gleiche Recht auf Freiheit und Persönlichkeitsentfaltung haben. Die Freiheit wurde jedoch nicht als Gegenpol zur Bindung konstruiert, im Gegenteil, die jeweilige Freiheit der Partner sollte die Bindung vertiefen.

Das Autorenpaar hielt an der Ehe fest, doch sollte diese Ehe jedem seine individuelle Entwicklung erlauben. Freiheit bedeutete nicht nur berufliche oder persönliche Freiheit, sondern auch sexuelle Freiheit: »Wir empfehlen keineswegs außereheliche Sexualkontakte, aber wir sagen auch nicht, dass man sie vermeiden soll« (O'Neill u. O'Neill, 1975, S. 145). Nena und George O'Neill gehen davon aus, dass der Mensch nicht von Natur aus monogam ist, sondern dass die jeweilige Gesellschaft die sexuelle Norm prägt. Weil der Mensch eher polygam sei, kann es für viele

Männer und Frauen auch dazugehören, sich in außerehelichen Freundschaften, die intime Begegnungen nicht ausschließen, persönlich weiterzuentwickeln. Eifersucht ist in der offenen Ehe kein Thema, weil es nicht um sexuelle Exklusivität geht, sondern darum, dass zwei reife Persönlichkeiten einander Freiheit und Beziehung zugleich ermöglichen. Autonomie ist nur mit dem Wissen um das aktive Leben von Interdependenz möglich. Die ehrliche Beziehung macht die Freiheit möglich und die Freiheit erlaubt die offene und intime Beziehung in der Ehe.

Für die O'Neills ist die gegenseitige Sympathie der Schlüssel zur Liebe, sie setzen Sympathie mit Freundschaft gleich: »Es ist Freundschaft in der einfachsten, direktesten Form« (S. 138). Die Freundschaft ermöglicht gegenseitige Achtung ohne Besitzansprüche, sie erlaubt individuelle Entwicklung, die wiederum Kreativität und erotische Erfüllung in die Ehe bringen. Während die romantische Liebe durch blinde Leidenschaft genährt wird, baut Freundschaft auf offene Kommunikation und Gleichberechtigung – Grundlagen für eine gelingende Beziehung. Den O'Neills zufolge kann sich wahre Liebe nur in einer Atmosphäre von Freiheit entfalten.

Liebe im neoliberalen Kapitalismus

Der fordistische Kapitalismus geht in den 1980er Jahren in den sogenannten neoliberalen Kapitalismus, der bis heute anhält, über. Die Globalisierung der Wirtschaft und des Finanzsystems sowie der Zusammenbruch der Wirtschaftssysteme des Ostblocks leiten eine neue Epoche ein, der Neoliberalismus setzt sich weltweit durch. Lediglich das ungezügelte Wachstum und der damit verbundene Verbrauch an Ressourcen scheint das System langfristig zu begrenzen. Die bereits durchlebten Erschütterungen im weltweiten Finanzsystem sind erste Anzeichen für einen drohenden Kollaps.

Das darwinistische Grundverständnis des traditionellen Kapitalismus bröckelt. Seit Beginn der Frauenbewegung in den

1970er Jahren kennt der Kapitalismus auch keine geschlechtlichen Grenzen mehr. War es im Frühkapitalismus noch der bürgerliche Patriarch, der industrielle Eroberer, der Steuermann, der die Wirtschaft ankurbelte, zeigte sich im fordistischen Kapitalismus der Mann in seiner Macht bereits reduzierter als Konsumpatriarch, der das Geld heranschaffte, um sich und den Seinen mehr und mehr vom Familien- und Liebesglück kaufen zu können.

Das neoliberale Wirtschaftssystem weiß das Streben der Frauen nach Gleichberechtigung und Teilhabe zu nutzen. Auch wenn noch viele Führungspositionen in Unternehmen männlich besetzt sind, so gibt es doch immer weniger typische Männerdomänen. In erster Linie hat der moderne Kapitalismus die Frau natürlich als Produktiv- und Kaufkraft entdeckt. Sie wird mit ihren Bedürfnissen, vor allem aber als Konsumentin ins Visier genommen. Dies trägt zur Veränderung der gesellschaftlichen Rollen von Mann und Frau und gleichermaßen zu Verunsicherung bei.

Die Paarbeziehung gestaltet sich gleichberechtigter, auch was die Ansprüche an Liebe und Sexualität betrifft. Die Frau investiert ihre Kraft nun auch ins Arbeitsleben, während der Mann mehr und mehr Zeit und Energie in Familie und Erziehung einbringt. Das betrifft insbesondere die Mittelstandsfamilien, in der beide Partner über den gleichen Bildungsstand verfügen und Eigentum bereits vorhanden ist. Das erreichte Konsumniveau lässt sich in gemeinsamer Verwaltung besser erhalten. Immer häufiger kommt es vor, dass die Frau über einen höheren Bildungsabschluss verfügt als ihr Mann. Viele Handwerker und Arbeiter gewöhnen sich daran, dass ihre Frauen, wenn sie in sozialen Berufen oder im öffentlichen Dienst tätig sind, häufig mehr verdienen als sie selbst. Der Mann als alleiniger Versorger stirbt im neoliberalen Kapitalismus langsam aus und damit auch seine privilegierte Rolle innerhalb der Familie und Partnerschaft.

Das partnerschaftliche Verständnis wandelt sich ebenfalls. Sah die Frau die Welt bis in die 1970er Jahre hinein oft mit den Augen des Mannes, hat sie nun ein eigenes Bild von der Welt und davon,

wie sie ihre Ansprüche geltend machen kann. Die Beziehung
zwischen Mann und Frau basiert nun eher auf gleichberechtig-
tem Austausch, auf Geben und Nehmen. Sind die Bilanzen ausgeglichen, dann stimmt die Rechnung, das heißt, die Beziehung
gelingt. Die Zeiten, in denen der Mann sich mit seinem Verdienst
und als Ernährer der Familie die Zuwendung seiner Frau und den
Respekt seiner Kinder erkaufen kann, sind vorbei. Die Frau ist
nun Mitverdienerin und Mitspielerin im Unternehmen Familie.
Ihre Vorstellungen von erfüllter Liebe und Sexualität generiert
sie wie auch ihr Partner aus Kinofilmen, Musik, Werbung und
Zeitschriften.

Die Sexualität hat sich durch die Erfindung der Antibabypille
und den von der Hippie-, Friedens- und Frauenbewegung ausgehenden gesellschaftlichen Wandel weitestgehend von ihren Fes-
seln befreit. Sexualität wird nun nicht mehr wie im fordistischen
Kapitalismus verharmlost und dem Gefühl Liebe untergeordnet.
Sie löst sich begrifflich und inhaltlich mehr und mehr davon und
beginnt ein Eigenleben zu entwickeln. Sexualität wie auch die
Liebe sind nun für Mann und Frau gleichermaßen begehrens-
werte Ziele. Die Werbung suggeriert mit Bildern, Texten und
Melodien, welchen Duft man tragen und in welchem Auto man
sitzen sollte, um auf der Jagd nach Liebe und sexuellen Abenteuern erfolgreich zu sein. So, wie sich die Dauer der Nutzung
von Konsumartikeln wie Fahrzeugen, Fernsehern oder Mobil-
telefonen immer mehr verkürzt hat, verkürzen sich nun oft auch
die Beziehungen. Der moderne Kapitalismus setzt nicht mehr
auf Sparsamkeit und Beständigkeit, sondern auf Mobilität, Flexibilität, Dynamik und Wandel. Er hält zum Kaufen und einer
regelrechten Wechselmentalität an. Man wechselt nicht mehr nur
seinen Mobilfunkanbieter, seine Versicherung, seinen Strom-
versorger und seine Bank, sondern unter Umständen eben auch
seinen Partner, wenn man unzufrieden mit ihm ist und sich das
versprochene Liebes- oder Sensationsgefühl nicht mehr einstellt.

Begünstigt wird diese Entwicklung durch den Wegfall morali-
scher Instanzen. Der moralische Einfluss der Kirche auf die Bezie-

hungsgestaltung zwischen Mann und Frau nimmt seit den 1970er Jahren beträchtlich ab. Religiöse Werte erfahren immer weniger Unterstützung. Es ist wohl nur eine Frage der Zeit, bis auch die letzten Bastionen einer christlichen Kultur, wie der arbeitsfreie Sonntag und das eingeschränkte Konsumverbot, fallen. Den Kirchen laufen die Mitglieder davon. Prägten früher das Gebot der Treue und der Dauer einer Ehe bis zum Tod die Partnerschaft, so legen Paare nun unabhängig von übergeordneter christlicher Moral und Ethik ihre eigenen Qualitätsstandards für die Beziehung fest. Das Paar erschafft sich in einer individuumzentrierten Gesellschaft selbst, es verhandelt die Regeln des Miteinanders selbst und baut sich eine eigene Subkultur auf. Gut ist, was beide befriedigt.

Liebe im Sozialismus

Wenngleich es im Folgenden vor allem um den Diskurs über Liebe und Sexualität in der Deutschen Demokratischen Republik (DDR) geht, so ähnelten sich doch die parteipolitischen Bestrebungen, ein hochkomplexes Wirtschafts- und Finanzsystem planwirtschaftlich zu steuern, in vielen Länder des sogenannten Ostblocks.

Die politischen Rahmenbedingungen: Ich liebe euch doch alle ...
Der Sozialismus stellt einen Versuch dar, soziale Schichten abzuschaffen, indem man die sogenannten Produktionsmittel in die Hände aller Menschen, also des Volkes legte. Allgemein bekannt sind die Säuberungs- und Enteignungsmaßnahmen der Nachkriegsjahre, die dazu dienten, das Kapital und die Betriebe zu verstaatlichen und in Volkseigentum umzuwandeln. Reparationsleistungen wurden auf Züge verladen und in die Sowjetunion abtransportiert. Viele Unternehmer und Fabrikanten, aber auch Angestellte und Arbeiter wanderten bis zum Mauerbau im August 1961 in die BRD ab. Es fehlte an Arbeitskräften, aber auch an klein- und mittelständischen Betrieben, um das Land und die Wirtschaft wieder aufzubauen. Die Organisation der Wirtschaft

lag in den Händen der Sozialistischen Einheitspartei Deutschlands (SED). Die angeblich vom Volk gewählte Partei gab im
Rahmen von Fünfjahresplänen vor, was es zu produzieren galt
und zu konsumieren gab.

Diese Planwirtschaft fühlte sich für den Bürger nicht so an,
als hätte er Macht und Einfluss auf die Geschicke des Landes.
Im Gegenteil, wer nicht zur Partei gehörte und ihr widersprach,
fühlte sich recht schnell der Staatsmacht ausgeliefert. Gegen die
Feinde der Partei, des Sozialismus wurde radikal vorgegangen.
Es entstand ein eklatanter Widerspruch zur offiziell propagier-
ten Arbeiter-und-Bauern-Macht und der tatsächlich gefühlten
Diktatur einer sich vom Volk immer mehr entfernenden Partei.

Offiziell liest sich das im Buch »Weltall, Erde, Mensch«, eine
der wichtigsten moralischen Instanzen der SED, um junge Menschen im Rahmen der Jugendweihe auf den richtigen Kurs zu
bringen, so: »Die Werktätigen unserer Republik sind die wahren
und einzigen Herren der volkseigenen Betriebe und landwirt-
schaftlichen Produktionsgenossenschaften« (Doernberg, 1966,
S. 366). Dies widersprach den alltäglichen Erfahrungen der
meisten Bürger im real existierenden Sozialismus. Die Staats-
sicherheit (Stasi) war dafür verantwortlich, diesen Widerspruch
zu regulieren. Sie bespitzelte die Bürger bis in die Familie und
Paarbeziehung hinein. Je größer der Widerspruch wurde, umso
ausgeklügelter wurde die Bespitzelung und Verfolgung von Staats-
feinden – so bezeichnete man Menschen, die eine Haltung ver-
traten, die nicht mit der Staatsdoktrin übereinstimmte.

Doch es geschah aus Liebe, wie Erich Mielke, der von 1957
bis 1989 Stasi-Chef war, im November 1989 in der Volkskammer
erklärte, als er versuchte, sich für sein Tun zu rechtfertigen. Rück-
fragen und Unmutsäußerungen von Abgeordneten verunsicher-
ten ihn jedoch. Er bekannte sich schließlich zum Motiv seiner
Arbeit und rief aus: »Ich liebe, ich liebe doch alle, alle Menschen!«
Dies kommt einer Verhöhnung der Opfer seines Apparates gleich
und ist zugleich ein Beispiel dafür, welche bizarren Konstrukte
Menschen von der Liebe entwickeln.

Gewiss, es geht hier nicht um die Liebe in der Partnerschaft, wohl aber ist dies ein Beispiel dafür, was geschieht, wenn ein Glaube, eine Vorstellung, eine Gesellschaftsidee, eine Leidenschaft, die hier als Liebe erlebt wurde, nicht in Frage gestellt werden darf und somit keine Korrekturen von außen erfährt. Mielke sah seine sehr begrenzte Welt durch eine rosarote Brille und fühlte sich vermutlich mit der Idee des Sozialismus tief verbunden. Sein fast religiös anmutender, fanatischer Eifer für die wahre Sache und seine Macht erlaubten ihm, die vom rechten Weg abgekommenen Menschen zu verfolgen.

Mielke nutzte sein Konstrukt von Liebe, um sein Handeln vor sich selbst und seiner Umwelt zu rechtfertigen. Im Namen der Liebe wurde über Jahrhunderte hinweg vielerlei Unrecht begangen, zu nennen ist hier unter anderem das Strafen von Kindern als erzieherische Maßnahme. Bereits im Alten Testament heißt es beispielsweise: »Wen der Herr liebt, den züchtigt er, wie ein Vater seinen Sohn, den er gern hat« (Spr 3,12). In den Apokryphen liest man: »Wer lieb hat seinen Sohn, hält stets den Stock für ihn bereit« (Sir 30,1). Selbst der für seine Zeit sehr fortschrittlich denkende Luther empfiehlt für die Erziehung der Kinder eine Kombination aus Belohnung und Strafe, so soll man neben den Apfel auch eine Rute legen. Aus Liebe geschieht also nicht nur Gutes, sie entschuldigt auch Gewalt, Misshandlung und Freiheitsentzug.

Liebe lässt sich von weltlichen und geistigen Machthabern einsetzen, um die Durchsetzung eigener Interessen zum Nachteil anderer zu entschuldigen. Die Liebesgläubigen akzeptieren nicht selten diese Begründung und suchen die Schuld, das Vergehen bei sich. Wer die Definitionshoheit hat, kann darüber befinden, welches Verhalten im Namen der Liebe gut oder schlecht ist. Mielke glaubte auf Grund seiner Macht ebenfalls, die Definitionshoheit zu besitzen, bis die Bürger zu der Erkenntnis gelangten: »Wir sind das Volk.« Von da an wirkt Mielkes Liebeserklärung nur noch lächerlich.

Nach diesem Exkurs zu einem speziellen Verständnis von Liebe, missbraucht zur moralischen Rechtfertigung der Verfol-

gung Andersdenkender, sollen nun einige Facetten des Liebeslebens der Ostdeutschen näher beleuchtet werden.

Der Aufstand der Nackten? Aufklärung und FKK-Bewegung

Die sexuelle Aufklärung im Osten übernahm – neben den Biologie-
lehrern in der Schule – unter anderen Siegfried Schnabl. Er war der
Oswalt Kolle der DDR, sein Buch »Mann und Frau intim« erreichte
hohe Auflagen und wurde sogar in Lizenz im Westen Deutschlands
gedruckt. Ein weiteres Buch, das wohl jeder DDR-Bürger kennt,
der zwischen 1970 bis 1980 pubertierte, ist das Buch »Denkst du
schon an Liebe« von Heinrich Brückner (1976). Neben Funktions-
beschreibungen der Sexualorgane enthielt es Schilderungen zum
Erleben von Sexualität und einfühlsame Beziehungsbeschreibun-
gen. Es prägte das Liebeskonstrukt im Osten entscheidend.

Auch in der DDR brachen Aufklärungsbücher sexuelle Tabus
und brachten die körperliche Liebe ins Gespräch, nicht nur als
Lehrthema in der Schule, sondern auch in den Beziehungen zwischen Mann und Frau. Die sexuelle Revolution ereignete sich im
Osten Deutschlands ebenfalls, jedoch viel stiller, nicht so spek-
takulär und weniger medial. Die eigenen vier Wände spielten in
diesem Zusammenhang eine besondere Rolle, hier waren DDR-
Bürger vor der Parteipropaganda und meist auch, wenn sie sich
öffentlich unauffällig verhielten, vor der Bespitzelung sicher. Für
einen Großteil der Mittelschicht bedeutete die eigene Wohnung
Intimität und die meisten lernten schnell, zwischen der privaten
und der öffentlichen Welt zu unterscheiden und problemlos zwischen beiden zu wechseln.

In den 1970er Jahren kamen FKK-Strände in Mode (FKK ist
die Abkürzung für Freikörperkultur). Vor allem an den Ostsee-
stränden, aber auch an vielen Seen im Land wurde nackt gebadet.
Anfang des 20. Jahrhunderts wurde das Nacktbaden zunächst
vereinzelt unter anderem zur Gesundheitsförderung empfohlen
und in Vereinen geschlechtlich getrennt praktiziert. In der DDR
anfangs von der Partei unerwünscht, später dann geduldet, entwickelte sich unabhängig von Vereinen seit Mitte der 1960er Jahre

eine FKK-Massenbewegung. Die Auslöser für diesen Trend sind schwer zu definieren. Möglicherweise war dies eine Form des stillen Protests gegen die ständige Gängelei der Partei, die mit ihren Parolen wie »Der Sozialismus siegt!« oder »Plane mit, arbeite mit, regiere mit!« den gesamten öffentlichen Alltag des DDR-Bürgers durchzog. Nacktbaden verstieß anfangs gegen die guten bürgerlichen Sitten, es erlaubte, sich frei zu fühlen in einem Land, in dem man auf Schritt und Tritt an Grenzen stieß.

Die strikte Trennung von Staat und Kirche und die Diskreditierung der Kirche als moralisch rückständige und wissenschaftlich unzeitgemäße Instanz, die die Idee einer göttlichen Schöpfung der Welt vertrat und angeblich die materialistische Weltanschauung ablehnte, trug sicher zum verringerten Einfluss der christlichen Ethik auf die Bevölkerung bei. Das gemeinsame Nacktbaden spiegelte jedenfalls einen unverklemmten Umgang der Geschlechter miteinander wider.

Dies hängt unter anderem mit einem neuen Selbstverständnis, einer Aufwertung der Frau zusammen. Sie fühlte sich dem Mann in vielen Bereichen gleichwertig an die Seite gestellt und wagte verstärkt, ihre emotionalen und körperlichen Rechte einzufordern. Während die Frauenbewegung der 1970er Jahre in der BRD im Zusammenhang mit der vorausgegangenen sexuellen Befreiung gerade die Abwertung der Frau als Sexualobjekt anklagte, fühlte sich die durchschnittliche Frau in der DDR kaum von der Gesellschaft und den Männern als Objekt degradiert. Dies wirkte auch auf das Liebeskonstrukt im Sozialismus zurück: Es war nicht mehr nur der Mann, der seine Frau erwählte, sondern die Frau nahm selbstbewusster an der Partnerwahl teil. Dies und die oft bestehende wirtschaftliche Unabhängigkeit vom Mann mag ein Grund dafür sein, warum die Scheidungsquoten in der DDR durchschnittlich immer höher waren als in der BRD.

Höheres Glück: Familie und Partnerschaft in der DDR

Nach 1945 versuchte man im Osten Deutschlands nun auf Initiative der Siegermacht Sowjetunion, offiziell als Bruderland

bezeichnet, einen Sozialismus nach sowjetischem Vorbild aufzubauen. In den 1970er Jahren kam dann endlich der wirtschaftliche Aufschwung, geschaffen von den Arbeitern und Bauern, die
die Tugenden des fordistischen Kapitalismus wie Fleiß, Disziplin, Selbstkontrolle, Anpassung noch verinnerlicht hatten. Hinzu
kamen die Fähigkeit des Sparens und die Bereitschaft, die Kon-
sumbefriedigung für eine gewisse Zeit aufzuschieben, bis die
begehrten Güter zur Verfügung standen. Letztlich erwies sich
diese Arbeits- und Konsumhaltung für den Aufbau des Sozialismus als hilfreich.

Das kleinbürgerliche Familien- und Partnerschaftsmodell
musste sich jedoch den Produktionsbedingungen des Sozialismus
anpassen und veränderte sich allmählich. Der chronische Arbeits-
kräftemangel der Planwirtschaft zwang nun auch verstärkt die
Frauen in die Produktion. Sie verrichteten in den 1960er Jahren
meist weniger qualifizierte Arbeiten und verdienten auch weniger
als ihre männlichen Kollegen. Dies änderte sich in den 1970er
bis 1980er Jahren. Immer mehr Frauen absolvierten Berufsaus-
bildungen, studierten und besetzten so mehr und mehr Arbeits-
plätze, die eine höhere Qualifizierung voraussetzten. Das Resultat dieser Entwicklung war eine sehr viel frühere Emanzipation
der Frau in verschiedenen gesellschaftlichen Bereichen als im
Westen Deutschlands. Die Emanzipation der Frau war im Osten
Deutschlands kein Befreiungsakt vom Patriarchat, sondern eine
ökonomische Notwendigkeit.

Die Bedeutung der Frau als Stütze der Produktion veränderte
ihr gesellschaftliches Ansehen. Sie wurde selbstbewusster und war
aufgefordert, ihren Wert auch in die Ehe und die Paarbeziehung
hineinzutragen. Vor allem die Männer mussten hier umdenken
und allmählich ihre lieb gewonnenen Rollen und Domänen aufge-
ben, die ihnen in häuslichen und partnerschaftlichen Zusammenhängen mehr Rückzug und Freiraum ermöglichten als den Frauen.
Das Bild des Familienversorgers bröckelte viel eher als im Westen.
Zwar standen die Frauen weiter am Herd, wuschen Wäsche und
erzogen die Kinder, doch sie taten dies mit einer zunehmenden

Unzufriedenheit und der selbstverständlichen Infragestellung männlicher Besitzansprüche.

Wohnungsnot, die Teilhabe der Frau am Produktionsprozess, ihre frühe Berufsausbildung und verschiedene soziale Programme zur Unterstützung von jungen Paaren führten dazu, dass Männer und Frauen in der DDR viel früher heirateten als in der BRD (Engstler, 1997, S. 84). So erhielten Eheleute zinslose Kredite für Wohnraumbeschaffung und Einrichtung. Bei der Geburt von Kindern wurde der Kredit teilweise bzw. entsprechend der Anzahl der Kinder ganz erlassen. Der Sozialismus hielt zwar die Idee der Liebe, wie sie für den fordistischen Kapitalismus typisch war, aufrecht, ernüchterte und entindividualisierte sie jedoch. Das heißt, die Liebe ereignete sich zwar im gegenseitigen sexuellen und emotionalen Begehren, trug ihre Früchte jedoch erst in der Teilhabe am gesamten Werk des Sozialismus. Die Liebe führt in die Ehe und »Kinder vollenden die eheliche Gemeinschaft zur kleinsten Zelle der Gesellschaft« (Brückner, 1976, S. 128). Nicht individuelles Glück durch gegenseitiges emotionales Durchdringen wird konstruiert, sondern ein höheres Glück bei entsprechender Mitarbeitsbereitschaft der Liebenden garantiert durch den Sozialismus.

In manchen Städten entwickelte sich ein eigenartiges Ritual im Zusammenhang mit der staatlichen Vermählung eines Paares. Einige Paare, vermutlich meist der Einheitspartei nahestehende, pilgerten nach dem Akt der standesamtlichen Eheschließung zum Denkmal des gefallenen russischen Soldaten, das es in fast jeder größeren Stadt gab, um dort feierlich ihren Brautstrauß abzulegen und der Befreiung durch die russische Armee zu gedenken, eine Tradition, die vermutlich aus der Sowjetunion importiert wurde. »Der Weg zum persönlichen Glück ist mit dem Kampf für das Glück aller verbunden« (Misgeld, 1982, S. 469): Diese Neubewertung der partnerschaftlichen Liebe mag vermutlich nicht bei allen Paaren im Osten angekommen sein. Wer mit der sozialistischen Doktrin nicht übereinstimmte, tat wie bereits beschrieben gut daran, sich ins Private zurückzuziehen und sein ganz individuelles

Liebeskonstrukt zu entwickeln. Die Idee von einer Liebe, die ein Paar bis ans Lebensende begleitet, verlor an Bedeutung. Sexuelle und emotionale Treue dagegen gehörte zum Liebesverständnis der meisten DDR-Bürger. Untreue war ein Zeichen für das Fehlen von Liebe in der Partnerschaft und in der Regel ein handfester Scheidungsgrund. Der Grad der erlebten Gleichberechtigung in der Partnerschaft war ebenfalls wichtig für das Erleben von Liebe.

Gemeinsame Ziele und Ideale: Liebe und Gleichberechtigung

Die Gleichberechtigung der Frau, die für den Konsum- und Produktionsprozess angestrebt wurde, sollte sich auch in der Partnerschaft durchsetzen. »Die Frau besitzt das gleiche Recht auf Beglückung; damit sind beide, Mann und Frau, Gebende und Nehmende« (Misgeld, 1982, S. 463). Diese Forderung bezog sich vor allem auf zwei Bereiche: gegenseitig ausgeglichene sexuelle Beglückung und Ausgleich bezüglich der Hausarbeit. Während die erste Forderung, die sexuelle Gleichberechtigung, in den meisten Partnerschaften in den 1980er Jahren weitestgehend erfüllt war, konnte von einer Gleichverteilung häuslicher Aufgaben oft nicht gesprochen werden.

Das Jugendweihebuch »Der Sozialismus, deine Welt« (1982), das Nachfolgewerk von »Weltall, Erde, Mensch«, das vom Zentralen Ausschuss für Jugendweihe herausgegeben und den Pubertierenden Jahr für Jahr festlich überreicht wurde, stellt die Gleichberechtigung zwar als Errungenschaft des Sozialismus dar (Allendorf, 1982), doch die Autorin verschweigt nicht, dass noch nicht alles getan ist. »Wird nicht der weitaus größere Teil aller Hausarbeiten nach wie vor von Frauen und Mädchen verrichtet?«, klagt sie und ruft dann die Jugend auf, diesen Widerspruch zu lösen, »indem wir im Betrieb, in der Schule und zu Hause bewusst gleichberechtigt und gleichverpflichtet leben« (S. 265).

Die Frau war durch ihre Berufstätigkeit doppelt belastet und fühlte sich durch ihren Partner oft wenig unterstützt. Es ist anzunehmen, dass die Erwerbstätigkeit der Frau in der DDR die Ehestabilität negativ beeinflusste. Seit den 1970er Jahren stiegen die

Scheidungszahlen in Ostdeutschland kontinuierlich und viel stärker als in Westdeutschland an. Dieses Phänomen, welches einige Probleme mit sich brachte, blieb auch dem Zentralausschuss für Jugendweihe in der DDR nicht verborgen. Und so mahnt ein Autor im Jugendweihebuch an: »Sorgfältiges Prüfen, gründliches Kennenlernen und Verstehen – und nicht vorschnelle intime Bindungen und sexuelle Beziehungen – sind wichtige Voraussetzungen für eine dauerhafte glückliche Gemeinschaft« (Misgeld, 1982, S. 466).

Die sozialistische Wirtschaft hat ein großes Interesse an der Stabilität der Ehe: Zum einen soll sich in der Ehe die Produktivkraft regenerieren und zum anderen fehlte es an Wohnungen im gesamten Land. Die Liebe sollte hier helfen und wurde als Garant für eine glückliche Beziehung aufgebaut: »Liebe als Ausdruck starker und tiefer persönlicher Beziehung und Gefühle zum anderen Geschlecht ist auch die Vorbedingung für dauerhafte Beziehungen zwischen Mann und Frau in der Ehe« (1982, S. 464). Dahinter steht die Botschaft: Wenn die Liebe fehlt und nur sexuelles Begehren in die Beziehung führt, kann das auf Dauer nicht gut gehen. Es wird auch erklärt, was Liebe ist: »Gleiche Auffassungen vom Leben, gemeinsame Ziele und Ideale, gemeinsame Interessen und das Interesse an der Arbeit des anderen, das sind Indizien für Liebe im Sozialismus« (1982, S. 466).

Gefühlsstau oder eine Frage des Stils?
Liebesdiskurse in Ost- und Westdeutschland

Der Psychiater und Autor Hans-Joachim Maaz diagnostiziert in einem Psychogramm der DDR allen Ostdeutschen einen Gefühlsstau (1992). Seiner Ansicht nach riefen die gesellschaftlichen Verhältnisse des real existierenden Sozialismus, die gekennzeichnet waren von Repressionen, Unterwerfung und Anpassung, eine tief greifende Deformierung des menschlichen Charakters hervor. Die sozialistische Gesellschaft konnte, so seine Ansicht, die Grundbedürfnisse der Menschen nach Sicherheit, Gewissheit, Vertrauen, Glaube und Hoffnung sowie regelmäßiger Entspannung nicht erfüllen. Der fühlende Kontakt mit sich selbst und der Umwelt soll den Menschen im Osten auf Grund dieses Mangels verloren gegangen sein. »Der chronische Mangelzustand wächst sich zur Grunderfahrung von Unsicherheit, Minderwertigkeit, Misstrauen und Hoffnungs- und Sinnlosigkeit aus« (Maaz, 1992, S. 59).

Der Mensch ist damit seiner Natur entfremdet und erlebt sich als entwurzelt. Auf diesen Mangelzustand reagiert der Mensch mit Gefühlen, da ihm diese aber laut Maaz im Sozialismus verboten werden, entwickelt sich ein Gefühlsstau, in dessen Folge auch seine Fähigkeit, körperlich und emotional zu lieben, eingeschränkt wird. Die Sexualität des DDR-Bürgers sowie sein Vermögen, zu lieben und geliebt zu werden, ist gestört. Ihm fehlt es an Hingabe, an sich selbstlos verschenkender Liebe, denn diese sei eher an Bedingungen geknüpft und muss verdient werden. Die Hypothesen im Rahmen seines generalisierten DDR-Bürger-Psychogramms entwickelt Maaz auf Grund seiner psychiatrischen Erfahrungen. »Unter den von uns untersuchten 5000 Patienten war nicht einer, der sich nicht in seiner sexuellen Lust- und Befriedigungsfähigkeit als behindert und gestört eingeschätzt hatte« (1992, S. 62).

Die Konstruktion eines generellen Gefühlsstaus, die Übertragung des eingeschränkten sexuellen Lusterlebens und der Liebesfähigkeit auf den Großteil der DDR-Bevölkerung ist sehr kritisch zu sehen. Es ist nicht abzustreiten, dass dies bei Menschen mit Depressionen, mit frühen traumatischen Erfahrungen auf Grund von Missbrauch, Gewalt und Vernachlässigung oder Menschen mit borderlinegestörten Verhaltensweisen der Fall sein kann, was sicher jeder therapeutisch Tätige bestätigen kann (Natho, 2011b, S. 223 ff.). Jedoch fühlte sich wohl auch der überwiegende Teil der DDR-Bevölkerung in seinem Liebes- und Lusterleben durch den Sozialismus nicht beschnitten – anders sah es bezüglich der Reise- und Meinungsfreiheit aus – und auch dessen Gefühle funktionierten tadellos.

Schaut man genauer auf die Liebesdiskurse in Ost und West, fallen die Unterschiede eher gering aus. Der Einfluss der neoliberalen Marktwirtschaft auf den Osten Deutschlands war mit Sicherheit größer, als den politischen Führungskräften des Arbeiter- und Bauernstaates lieb war. Außerdem konnten vierzig Jahre Sozialismus dem bis dahin entwickelten Liebeskonstrukt der Deutschen nur wenig anhaben. Trotzdem bildeten sich in Ost und West auf Grund unterschiedlicher gesellschaftlicher Konstellationen unterschiedliche Konstruktionen gegenseitiger Abhängigkeit im Zusammenhang von Liebe und Partnerschaft heraus.

Die romantische Liebe wurde im Osten vermutlich als viel brüchiger als im Westen erlebt. Die Dauer von Liebe in Bezug auf *einen* Partner wurde hier wohl eher in Frage gestellt. Der Einfluss der westlichen Medien und der Werbung auf die DDR-Bürger war groß. So glaubten auch sie an die Erfüllung bestimmter Gefühle, die ihnen in Verbindung mit dem Gebrauch der Produkte versprochen wurde. Ihnen fehlten allerdings die Möglichkeiten, die Produkte, die im Westfernsehen angepriesen wurden, zu vergleichen, zu testen und sich von den Versprechen der Werbung enttäuschen zu lassen.

Viele westdeutsche Produkte, die den Mann oder die Frau für das andere Geschlecht begehrenswerter machen sollten, waren äußerst beliebt, dazu gehörten beispielsweise Seife, Parfüm, Deospray, Strumpfhosen und Lippenstifte. Die von Illouz (2007) beschriebene Romantisierung der Waren fand also auch im Osten Deutschlands statt, zum einen auf Grund der räumlichen Nähe zum Westen, zum anderen auf Grund der unzähligen verwandtschaftlichen Beziehungen zwischen Ost und West, die trotz widriger Umstände gepflegt wurden.

Einen Unterschied zwischen Ost und West in der Konstruktion der partnerschaftlichen Liebe findet man wie bereits angedeutet im Rollenverständnis von Mann und Frau. Die berufliche und damit auch wirtschaftliche Selbstständigkeit der Frau in der DDR, die seit den 1970er Jahren deutlich wuchs, machte sie weniger abhängig von der Liebe ihres Mannes. Sie musste sich nicht emanzipieren und forderte mit viel mehr Selbstverständnis als die meisten Frauen in der BRD die Erfüllung ihrer Bedürfnisse in der Paarbeziehung ein. Sie war nicht nur die Frau eines Mannes und vielleicht Mutter von Kindern, sie hatte darüber hinaus auch eine berufliche Identität und kannte sich in der Welt außerhalb der Familie ebenso gut aus wie ihr Mann. Ihre Liebe war dementsprechend selbstbewusster und vielleicht weniger hingebungsvoll.

Auf Grund ihrer Berufstätigkeit hatte sie auch leichter Zugang zum Beziehungsmarkt, hier lernte sie Männer und damit auch Alternativen zum eigenen Partner kennen. Die Scheidungsquoten waren auch aus diesem Grund im Osten entsprechend höher als im Westen. Der Mann in der DDR war viel eher als der Mann in der BRD aufgefordert, sein Rollenbild zu erweitern, denn das Modell des patriarchalischen Familienernährers verlor für viele Frauen im Osten mit zunehmender Selbstständigkeit an erotischer und partnerschaftlicher Attraktivität. Die Paarbeziehung in der DDR gestaltete sich daher möglicherweise anspruchsvoller und realistischer.

Die Romantik wurde in den eigenen vier Wänden gepflegt. Für Nähe, Zuneigung und Zärtlichkeit entwickelte jedes Paar eigene Rituale. Darin gab es wohl wenig Unterschiede zwischen

Ost und West, denn bis auf wenige Ausnahmen sahen alle die gleichen Fernsehprogramme. Das Fehlen von Erotikshops in der DDR hat der Sexualität mit Sicherheit nicht geschadet, vielleicht sogar genutzt, denn so konnte das Paar sich mit den eigenen Fantasien auseinandersetzen, ohne sich mit technisch versierten Pornodarstellern vergleichen zu müssen.

Ein weiterer Unterschied könnte im Einfluss der Kirche auf den Liebesdiskurs von Ost- und Westpaaren liegen. Die Kirche verlor in der zweiten Hälfte des letzten Jahrhunderts im Osten rascher als im Westen an Bedeutung für die Partnerschaftsethik und die Liebeskonstruktion. Die Zahl der kirchlichen Trauungen ging im Osten viel schneller zurück als im Westen. Immer weniger Menschen wollten sich das Ja-Wort vor Gott geben. Ein Grund, auf die kirchliche Trauung zu verzichten, lag vermutlich darin, dass sich das Paar stärker ins Private zurückzog und den Kontakt zu einer christlichen Gemeinde am Wohnort, obwohl vielleicht beide Partner noch getauft waren, einschränkten.

Außerdem gab es außerhalb der Kirchgemeinde keine religiöse Bildung mehr, der Zugang zu einer christlichen Ethik und Lehre wurde durch die Partei- und Staatsführung erschwert. Christen wurden im Osten Deutschlands nicht selten wegen ihres Glaubens diffamiert. Paare, ob christlich oder nicht, entzogen sich auf Grund der restriktiven Haltung des Staates zur Kirche, auch der Auseinandersetzung mit einem christlichen Verständnis von Liebe als höheres Prinzip, von dem die Sexualität nach wie vor nicht zu trennen war. Zwar akzeptierte die evangelische Theologie im Osten in den 1980er Jahren bereits das Recht, über den eigenen Körper zu verfügen, und damit auch Sexualität wann, wo und mit wem auch immer zu leben. Selbst der voreheliche Geschlechtsverkehr wurde akzeptiert. Doch tat sie dies nicht, ohne auch hier mahnend die Hand zu heben und auf die Liebe und die mit ihr verbundene Verantwortung zu weisen. Sexualität dient nicht mehr allein der Fortpflanzung, so der Theologe und Universitätsprofessor Helmut Fritzsche, doch »das Recht meint keine Sexualität ohne Liebe« (1983, S. 66 ff.).

Kurz nach der Wiedervereinigung Deutschlands wurden die
Unterschiede in den Liebesstilen von Ost- und Westpaaren untersucht. Auf der Grundlage eines Konzepts von John Alan Lee aus
den frühen 1970er Jahren entwickelte der Soziologe Hans-Werner
Bierhoff gemeinsam mit zwei Kolleginnen einen deutschsprachi-
gen Test, das sogenannte »Marburger Einstellungsinventar für
Liebesstile«, und führte Anfang der 1990er Jahre eine Befragung
durch. Zwar erreichten die Ostdeutschen in fast allen Liebesskalen
höhere Werte, nur in der spielerischen Liebe rangierten sie unter
dem Wert der Westdeutschen, doch insgesamt fallen die Unterschiede eher gering aus (Bierhoff, Grau u. Ludwig, 1993). Die
spielerische Liebe wird im besagten Fragebogen als eine expan-
sive, erobernde Liebe konstruiert, die in der Eroberung die eigene
Attraktivität bestätigt sieht.

Zu diesem Liebesstil neigten die Ostdeutschen demzufolge
weniger als die Westdeutschen, hingegen bewerteten sie den partnerschaftlichen, pragmatischen Liebesstil höher als die Befragten im Westen. Bierhoff hatte die Idee, dass diese kleinen Unterschiede gesellschaftsbedingt entstanden sind. »Unsere Ergebnisse
zeigen aber, dass eine Gesellschaft, die durch Individualismus
und Selbstverwirklichung geprägt ist, die partnerschaftliche Liebe
tendenziell geringer bewertet« (Bierhoff, 2002, S. 43). In der ostdeutschen Liebeskonstruktion standen gemeinsame Interessen
und Gewohnheiten als Bindemittel stärker im Vordergrund,
Paarbeziehungen entstanden auch öfter aus bereits bestehenden
Freundschaften. In den Blick genommen wurde auch, inwieweit
man mit dem Partner die eigenen bzw. gemeinsamen Zukunfts-
vorstellungen verwirklichen konnte.

Neuzeitliche Konstruktionen der Liebe

Die Liebe im Visier der Humanisten: Sind Ganzheitlichkeit und Authentizität Auslaufmodelle?

Das Phänomen Liebe, vor allem aber das der sich ständig abnutzenden Liebe, beschäftigt in der Neuzeit nicht nur Paartherapeuten, sondern auch Psychologen, Philosophen und Soziologen. Insbesondere vor dem Hintergrund der sexuellen Befreiung Ende der 1960er Jahre und den seitdem jährlich steigenden Scheidungszahlen galt es im letzten Drittel des 20. Jahrhunderts viele Fragen in Zusammenhang mit der Liebe zu beantworten. Warum verflüchtigt sich die Liebe nach einigen Jahren Beziehung? Was ist der Unterschied zwischen Liebe und Verliebtheit? Was hat Liebe mit Sexualität zu tun, wird sie von den Genen gesteuert? Gibt es Liebe zwischen gleichgeschlechtlichen Partnern, Partnerinnen? Wie lässt sich der romantisch-religiöse Liebescode unter dem Einfluss tief greifender gesellschaftlicher Veränderungen modifizieren? Brauchen wir die Liebe überhaupt und wenn ja, wozu? Wie lässt sich seit der sexuellen Revolution die Liebe und der Sexualtrieb miteinander verbinden?

Es gab viele der Humanistischen Psychologie nahestehende Autoren, die die Liebe als Grundgefühl konstruierten und mit populärwissenschaftlichen Büchern den »heiligen« Wert der Liebe für Sexualität, Ehe und Partnerschaft aufrechtzuerhalten versuchten. Der Soziologe und Psychoanalytiker Erich Fromm war einer von ihnen, seine Ideen und ähnliche Konzepte anderer Autoren wie die von Peter Lauster haben zum Ausgang des letzten Jahrhunderts das Denken und die Beziehungserwartungen vieler Menschen geprägt. Fromms Buch zum Thema Liebe erreichte in Deutschland eine Millionenauflage und wurde auch außerhalb der Fachwelt rege diskutiert. Das Gleiche gilt für den Psychologen Peter Lauster, sein Buch »Die Liebe, Psychologie eines

Phänomens« wurde mehr als eine Million Mal verkauft. Auch der viel gelesene Philosoph und Publizist Richard David Precht präsentierte zu Beginn des neuen Jahrtausends seine Ideen zum Thema Liebe. Er hinterfragt traditionelle evolutions- und neuere neurobiologische Liebeserklärungen und entwirft ein anderes Verständnis von Liebe, welches im Folgenden vorgestellt werden soll. Die Hirnforschung meldet sich in der Diskussion über die Liebe ebenfalls zu Wort. Gerald Hüther spricht von der Liebe als einem generellen Prinzip der Welt und entwirft eine Evolution der Liebe. Natürlich darf auch der Verwaltungswissenschaftler und Soziologe Niklas Luhmann (1927–1998) nicht fehlen. Ihn hier nicht zu berücksichtigen und seine Hypothesen zu interpretieren, wäre wohl für einen systemisch-konstruktivistisch denkenden Autor ein Armutszeugnis.

Es gibt viele Experten, die sich zum Thema Liebe äußern. Insbesondere in der theoretisch fundierten Ratgeberliteratur sind Autoren wie der Psychoanalytiker Wolfgang Schmidbauer, der Paartherapeut Hans Jellouschek und auch der Familientherapeut Arnold Retzer sehr bekannt. Weitere Autoren ließen sich hier aufzählen. Da ich hier nur einige Konzepte diskutieren kann, musste ich eine Auswahl treffen. Dabei habe ich mich weniger vom Bekanntheitsgrad als von der Originalität der jeweiligen Ideen anregen lassen. Insgesamt aber, so erweckt es den Eindruck, ist der Einfluss der von der Humanistischen Psychologie beeinflussten Autoren auf das weit verbreitete romantische Liebesverständnis ungebrochen. Gerade die Konzepte Ganzheitlichkeit, Verschmelzung, Authentizität und persönliche Reife scheinen jedoch in der Gegenwart ihre Grenzen erreicht zu haben.

Niklas Luhmann:
Liebe ist Kommunikation und Erwartung

Niklas Luhmann trug wesentlich zur Theoriebildung systemischer Wissenschaft und systemischer Therapie bei. Eine seiner Grundideen war die, dass sich Systeme auf Grund von rekursiven Prozessen selbst erschaffen und dass vor allem soziale Systeme dafür die Kommunikation nutzen. Da die Paarbeziehung und mit ihr die Liebe ein gesellschaftliches Subsystem darstellt, erschaffen sich auch diese Systeme durch Kommunikation. Für Luhmann ist Liebe kein Gefühl, sondern eine Codierung von Intimität.

Eine Theorie über etwas, das es nur in der Konstruktion, der Kommunikation gibt, kann kaum praktisch sein. Bisher haben die Menschen geglaubt, sie liebten sich, und ihre Liebe erfasst jede Faser ihres Lebens, ihrer Persönlichkeit. Die romantische Liebe glaubte und glaubt an die unbedingte Authentizität der Liebe, ganz oder gar nicht. Seit Luhmann setzt man sich mit Teilsystemen auseinander. Der Mensch nimmt nun Rollen ein, er ist Teil verschiedener sozialer Systeme, die er mit seinen Erwartungen und seiner Teilnahme mitgestaltet – er ist Vater, Bankangestellter, Liebhaber, Ehemann usw. Er kann seine Rollen reflektieren, verändern und in Frage stellen. Das in der Romantik erfundene, überhöhte und angeblich authentische Gefühl spielt bei Luhmann kaum noch eine Rolle. Bei Luhmann handelt nicht mehr der Mensch oder das sich selbst erkennende Ich. Nein, bei Luhmann geschieht alles, sogar die Liebe, durch Kommunikation.

Luhmann erfindet die Kommunikation neu, sie wird nicht mehr ausgetauscht, sondern ist selbst das Substrat sich erschaffender Wirklichkeiten. »Es geschieht Kommunikation. Und es ist weitgehend egal, wer da kommuniziert. Entscheidend ist nur die Frage: Mit welchem Ergebnis«, beschreibt der Philosoph Precht (2007, S. 304 f.) treffend den luhmannschen Theorieansatz. Luhmann leitete eine Wende im Denken, in der Theoriebildung und genauer betrachtet in der Philosophie ein. Der Mensch ist nun nicht mehr Dreh- und Angelpunkt der Erklärung von Phänomenen. Auch Gott hat als Ursache und Schöpfer aller Dinge ausgedient, er schrumpft zu einem Konstrukt im System Glauben.

An die Stelle von Gott, von Wissenschaft, an die Stelle des selbstreflektierten Ichs tritt ein noch höheres Prinzip. Im Stil der Romantiker könnte man sagen, dass mit Luhmanns Kommunikationstheorie die nächste Stufe der Transzendenz eingeleitet wird. Doch Luhmann war alles andere als ein Romantiker, er war ein Beobachter und ein brillanter Theoretiker, vielleicht der Einstein der Soziologie. Was er beobachtete, war, dass Kommunikation größtenteils aus Erwartungen besteht und dass Erwartungen andere und uns selbst manipulieren. Auf Grund der Erwartungen können wir uns für das halten, was wir glauben zu sein. Das hat mit Gefühlen, die ausgetauscht werden, wenig zu tun. So ist auch die Liebe kein Austausch von netten Worten oder gar von sogenannten Zärtlichkeiten, hier fließt nichts hin und her. Liebe ist ein perfekt aufeinander abgestimmtes System von Erwartungen.

Precht kritisiert die Gefühllosigkeit des luhmannschen Ansatzes (2009, S. 285) und meint, dass man dem Phänomen Liebe auf diese Weise nicht gerecht wird. Er wirft ihm vor, eine ganze Reihe unterschiedlicher Bewusstseinszustände zu vermengen (S. 286). Es ist in der Tat nicht einfach, Luhmann zu verstehen, eigentlich kann man ihn nur interpretieren und auch hierbei spielen Erwartungen eine große Rolle. Was erwarten wir von einer »guten« Liebeskonstruktion? Unser psychisches, emotionales und kognitives Selbst hat hierauf Einfluss. Eine Liebeskonstruktion kann nicht richtig oder falsch sein oder muss einem zeitlich begrenzt auftauchenden Phänomen gerecht werden, sie muss vor allem nützlich sein. Es ergibt für mich einen Sinn, Liebe als Kommunikation zu verstehen, sie ist aber nicht nur eine Kommunikation im sozialen System zwischen zwei oder mehreren Menschen, sondern auch das Ergebnis einer innerpsychischen Kommunikation zwischen unterschiedlichen Ebenen des Selbsterlebens und der Selbstkonstruktion.

Dass Liebe in erster Linie Kommunikation bedeutet, lässt der Begriff Liebeserklärung erahnen. Was wird hier eigentlich erklärt und bekundet? Ein Begehren, ein sexuelles Interesse, ein unbewusster Fortpflanzungswunsch, eine emotionale Verwirrung, ein Stresszustand oder gar, psychopathologisch verstanden, eine Anpassungsstörung? »Seitdem du in mein Leben getreten bist, ist alles wie verwandelt. Du machst mich verrückt, du verdrehst mir den Kopf. Ich liebe dich.« Was sagt der Sender dieser Erklärung über sich selbst aus? Ich vermute, dass die meisten Menschen überhaupt nicht wissen, was sie sich da gegenseitig bekunden. Man sollte sich fragen, wie konstant diese Verunsicherung, das Selbsterleben im Zustand der Erregung, der Erwartung ist. Handelt es sich um einen vorübergehenden Zustand, eine Episode psychischer Instabilität oder gar um ein andauerndes Muster? Als wie aufrichtig sind diese Bekundungen im Zustand emotionaler Verwirrung zu bewerten? Sollte man da als Gegenüber nicht skeptisch sein hinsichtlich der unbewussten Absicht, die die Instabilität überhaupt erst hervorruft?

Doch das nicht genaue Wissen, was da eigentlich passiert, die vage Beschreibung eines diffusen Selbsterlebens ist möglicherweise schon Teil der Codierung und eine Struktur in der Kommunikation zwischen Liebenden. Soll die ungenaue Beschreibung Liebe vielleicht beim Gegenüber eine Suchhaltung aktivieren? Haben solche Worte nicht auch eine hypnotische Wirkung? Da die Verliebten nicht genau wissen, was mit ihnen los ist, gestehen sie sich die gegenseitige Verunsicherung. »Ich liebe dich.« – »Ich dich auch.« Das heißt vielleicht nicht mehr als »Du verwirrst mich« oder »Ich fühle mich zu dir hingezogen«.

In welchem kommunikativen Kontext ergeben diese Worte einen Sinn und führen zu einer andauernden Zweisamkeit? Das Wort Liebe gewinnt an Sinn, an Bedeutung durch die spezielle Form der Beziehung. Luhmann versucht in seinem Buch »Liebe als Passion« Liebe als Kommunikation zu konstruieren und fragt

als Soziologe, nach welchen Vorschriften und Regeln die Liebe
kommunikativ erzeugt wird. Ihn interessiert die soziale Dynamik,
die dazu geführt hat, dass moderne Partnerschaften mit einer
Liebeserklärung begründet werden müssen und nicht, wie in
der Kulturgeschichte bis ins 17. Jahrhundert hinein üblich, von
elterlichen Finanzarrangements.

Früher führten andere Gründe zwei Menschen zusammen und
zu einer andauernden Partnerschaft. In der Regel waren es ökonomische Interessen, die zum Tauschhandel, zur Mitgift führten.
Kulturhistorisch betrachtet ist es eine recht ungewöhnliche Sache,
dass man die Liebe benötigt, um eine Beziehung zu gründen.
Das bedeutet auch, dass man sich, um eine partnerschaftliche
Beziehung zu haben, vorher verlieben muss. Das scheint nicht so
einfach zu sein, wie man auf den ersten Blick glaubt. Die große
Zahl von Singles in unserer Gesellschaft ist vielleicht ein Indiz für
die Kompliziertheit des Verliebens.

Luhmann wollte herausfinden, wie die Gesellschaft funktioniert, und orientierte sich in seinem Erklärungsansatz zunächst
an der Systemtheorie von Talcott Parsons. Dieser unterteilte
die Gesellschaft in einzelne funktional unabhängige Systeme,
erklärte ihre Entwicklung mit Konzepten der Evolutionstheorie und übertrug dabei Ideen vom Funktionieren biologischer
Systeme auf soziale Systeme. Doch soziale Systeme, auch wenn
sie sich aus Lebewesen zusammensetzen, werden aus Sicht von
Luhmann nicht in erster Linie durch Stoffwechsel und Energie-
austausch am Leben gehalten, sondern durch den Austausch,
besser noch durch die Darbietung von Kommunikation und
Sinnzuschreibung.

Eine weitere zentrale Idee der von ihm entwickelten Systemtheorie stammt von Humberto Maturana, der das Leben als ope-
rational geschlossenes System erklärte, welches sich selbst hervorbringt und reguliert (Kneer u. Nassehi, 2000, S. 47 ff.). Diese
Theorie wird durch die moderne Neurobiologie an vielen Stellen
bestätigt. Das Gehirn beschäftigt sich vor allem mit sich selbst.
Verschiedene Hirnregionen kommunizieren miteinander, bilden

so neuronale Netzwerke und schaffen eine eigene einmalige Wirklichkeit oder ein Bewusstsein. Das heißt, genau genommen gibt es zwischen Gehirnen und ihren Inhabern, den Menschen, keinen Austausch von Informationen: »Jeder von uns lebt völlig einsam als Konstrukt in einer konstruierten Welt« (Roth, 1996, S. 59).

Dieser Prozess der Selbstbezüglichkeit wird von Maturana als Autopoiese (Selbsterschaffung) bezeichnet (1997, S. 157 ff.). Luhmann greift die Idee auf, entwickelt sie weiter und erklärt damit die Gesellschaft und das Zusammenleben von Menschen. Gesellschaft ist demnach ein sich durch Kommunikation selbst erzeugendes, weitgehend stabiles und von äußeren Einflüssen unabhängiges System (Luhmann, 1984, S. 60 ff.). Ausgetauscht werden nicht Stoffe oder Energien, sondern Erwartungen. Auch die Liebe ist nach Luhmann ein System, welches sich durch Kommunikation erschafft und gleichzeitig bestimmte Erwartungen festschreibt, wie beispielsweise die Treue in der Liebe. Luhmann beschreibt die Festschreibung von Erwartungen durch sich gegenseitig dargebotene Erwartungen als Code.

Für Luhmann ist Liebe kein Gefühl, sondern ein Code, ein symbolisch generalisiertes Kommunikationsmedium, das sich im Gebrauch selbst erschafft und von dem Kausalität bzw. Wirkung erwartet wird. Auch Begriffe wie Ehre, Freiheit, Stolz sind in ihrer Bedeutung nicht zeit- oder systemübergreifend. Sie haben nur Bedeutung für die, die ihren Sinn konstruiert haben. Nur in bestimmten gesellschaftlichen Kontexten und Epochen sind der Gebrauch und die spezielle Bedeutung dieser Begriffe nützlich. Diesen Verhaltensweisen oder inneren Erregungszuständen könnte man ebenso gut auch andere Bedeutungen zuschreiben. Sie entwickeln in weitgehend geschlossenen Kommunikationssystemen eine Art Eigenleben, lösen sich durch ihren häufigen Gebrauch allmählich vom Verhalten ab und werden zu eigenständigen Wirklichkeiten. »In diesem Sinne ist das Medium Liebe selbst kein Gefühl, sondern ein Kommunikationscode, nach dessen Regeln man Gefühle ausdrücken, bilden, simulieren, anderen unterstellen, leugnen und sich mit all dem auf die Konsequenzen

einstellen kann, die es hat, wenn entsprechend Kommunikation
realisiert wird« (Luhmann, 1999, S. 23).

Dieser Kommunikationscode entstand, so auch die Vorstellung von Luhmann, überwiegend im sozialen System des Bürgertums im späten 18. Jahrhundert. Das Bedürfnis, einen solchen
Code zu konstruieren, entsprang (und entspringt) dem Wunsch
nach Ordnung und Sicherheit in zwischenmenschlichen Beziehungen. Die Ständestruktur, die jedem in der Gesellschaft auf
Grund seiner sozialen Herkunft einen genauen Platz, eine Identität zuwies und auch regelte, wer mit wem verheiratet wurde, war
weitgehend zerfallen. Hinsichtlich der Identitätskonstruktion und
der Partnerschaftswahl wurden die Menschen freier. Diese Freiheit und der aufkeimende Individualismus brachte jedoch auch
Unsicherheit mit sich.

Die Unsicherheiten in der Selbstkonstruktion (Identität) und
im Selbsterleben (Authentizität) sowie Unsicherheiten in der
sozialen Begegnung benötigten ein Konstrukt, welches für Klärung, Gewissheit und ein Ziel sorgte. Man war in seiner Identität
nicht mehr an seinen Stand oder seinen Beruf gebunden, man war
nicht mehr so sehr der Müller, der Schneider, der Schäfer oder
der Richter, man war Bürger. Doch was ist ein Bürger? Welche
Bürger gehören zusammen und sollten Paare bilden? Beziehungen konnten zunehmend berufs- und ständeübergreifend einge-
gangen werden. Wie kann man sich da sicher sein, wer zu wem
passt? Wer ist mit wem seelenverwandt, ein Herz und eine Seele?
Mit wem soll man es wagen, Kinder zu zeugen und sie über eine
lange Zeit zu versorgen?

Das Konstrukt Liebe bietet eine gewisse Stabilität und insbesondere bei der Partnerwahl Sicherheit. Es schafft zudem die
Erwartung von Ausschließlichkeit für den jeweils anderen, denn
zum herkömmlichen Liebescode gehört die Ansicht, dass man nur
einen Menschen liebt. Eng mit dem Liebescode verbunden ist die
Treue. Sie sichert wie keine andere Konstruktion das gegenseitige
Bleiberecht, damals, so die Vorstellung, auf Lebenszeit. Liebe
und Treue gehören im romantischen Liebescode zusammen. Das

Gebot der Treue schafft existenzielle Sicherheit und Beständigkeit, schränkt aber die Freiheit gewollt ein.

Inzwischen bröckelt die romantische Liebeskonstruktion genau an dieser Stelle. Vermutlich stellte die Treue schon im 18. Jahrhundert eine Schwachstelle dar. Nur führte sie damals weniger häufig zu Scheidungen. Fremd ging vermutlich im Bildungsbürgertum eher der Mann, der auf Grund seines Berufes außerhalb der Familie zu tun hatte, während die Frau in erster Linie die Kinder erzog und den Haushalt versorgte. Inzwischen herrscht im 21. Jahrhundert hinsichtlich der Untreue fast Gleichberechtigung, wie Statistiken zeigen. Laut einer Umfrage des Magazins Focus hatten deutsche Männer rund 3,6 und Frauen 2,1 Seitensprünge vorzuweisen (Brand et al., 2011). Die Frauen holen auch in dieser Beziehung auf. Das Klischee, dass nur der Mann das Eine im Kopf hat, hat sich bis heute gehalten. Mancher Mann gefällt sich in dieser Rolle, lässt sie ihn doch als potent erscheinen, und so gibt er vielleicht bereitwilliger als die Frau in Befragungen zu, dass er fremdgeht.

Mit der bereits beschriebenen protestantischen Aufwertung von Sexualität in der Ehe gewinnt das Konstrukt Liebe weiter an Bedeutung und Stabilität. Stabilität deshalb, weil der Sexualtrieb über viele Jahrzehnte anhält und gegenseitige Erwartungshaltungen hinsichtlich der wechselseitigen Befriedigung hervorruft. Sind die Erwartungen im Kommunikationsprozess Liebe aufeinander abgestimmt, gibt es ein hohes Maß an Zuverlässigkeit – mit dem Nachteil der Spannungslosigkeit. Da, wo es keine Unterschiede, keine Unsicherheit mehr gibt, gehen die Reize im Kommunikationsprozess verloren und das System wird starr. Starre Systeme wiederum sind anfälliger für Störungen.

Für den Liebescode war dieses Phänomen bis Mitte des 19. Jahrhunderts nicht so dramatisch. Erstens war die Lebenserwartung sehr viel geringer als heute, sie lag beispielsweise in der Zeit von 1871 bis 1881 im Deutschen Reich für Männer bei circa 37 und Frauen bei circa 39 Jahren, und zweitens musste man viel mehr Energie zum Lebensunterhalt und zum Großziehen der

Kinder aufwenden als heute, als dass in der Beziehung Langeweile aufkommen konnte.

Eine höhere Lebenserwartung bedeutet eine potenziell längere Dauer der Paarbeziehung oder der Ehe, mehr Freizeit bedeutet mehr außerhäusliche Kontakte. Der romantische Liebescode, der die Liebe als eine Einheit vom Gefühl der gegenseitigen emotionalen Bezogenheit und sexuellem Begehren bis zum Tod konstruiert, kommt laut Luhmann an seine Grenzen und stellt innerhalb des Systems für die Beteiligten eine Überforderung dar (Luhmann, 1999, S. 72).

Erich Fromm:
Die Kunst des Liebens

Es ist nichts Geringeres als die Kunst des Liebens, beschrieben als eine aktive und reife Handlung in der zwischenmenschlichen Beziehung, die Erich Fromm (1900–1980) in der zweiten Hälfte des letzten Jahrhunderts seinen Lesern nahebrachte. Er nahm in seinem erstmals 1956 in Deutschland erschienenen gleichnamigen Bestseller unterschiedliche Beziehungsmuster unter die sozialpsychologische und zugleich psychoanalytische Lupe. Eine seiner sozialphilosophischen Grundideen, die alle seine Werke durchzieht, ist folgende: Die Fähigkeit, sich selbst zu transzendieren, geistig aus sich herauszutreten, das eigene Leben und den eigenen Tod bewusst von außen betrachten zu können, löst den Menschen aus der Natur heraus und macht ihn zu einem Fremden in der Welt (Fromm, 1984, S. 120 ff.).

Die Entwicklung des Großhirns beim Frühmenschen und damit die Herausbildung der Fähigkeit, verstandesgeleitet zu handeln, werden als Ursache für die Entfremdung des Menschen von der Natur angesehen. Auf Grund seiner Vernunft kann sich der Mensch nicht mehr auf seine sozialen Instinkte und Triebe verlassen. Er ist durch die Fähigkeit zur Selbstreflexion verunsichert und deshalb gezwungen, seine Beziehungen bewusst zu gestalten. Andererseits, das weiß Fromm als Psychoanalytiker nur zu gut, sind die animalischen Anteile ständig präsent. Sie versuchen bei fast jeder Gelegenheit auf das Handlungssystem des Menschen zurückzugreifen. Der Mensch kann seine Triebe nur schlecht kontrollieren und trotz der Freiheit des Bewusstseins ist er zugleich auch ein Gefangener der Natur. Dieses Dilemma, von Fromm auch als Dichotomie bezeichnet (Fromm, 1985b, S. 28), stellt seiner Ansicht nach das Hauptproblem der menschlichen Existenz dar. So braucht es aus Sicht von Fromm ein starkes und reifes Ich, um die Es-Impulse, die Triebe zu bändigen. In dieser Hinsicht bleibt Fromm der Instanzen- und Triebtheorie Freuds (1989), die er sonst in vielen Zusammenhängen in Frage stellt, treu.

Die Grundidee der Dichotomie ist auch die Basis seiner Konstruktion von Liebe. Sie ist für ihn ein Versuch des Menschen, diesen Konflikt zu überwinden, um wieder eins zu werden mit der Natur und seiner Umwelt. Nun gibt es bei Fromm zwei Möglichkeiten der Vereinigung, eine unreife Form und eine reife, auch als Liebe bezeichnete Form. Die unreife Form ist die symbiotische Beziehung, gekennzeichnet von gegenseitiger Abhängigkeit. Die reife Form ist die Liebe, sie wird getragen vom Gedanken der individuellen Freiheit. Man liebt den anderen nicht, weil man ihn braucht, sondern weil er so ist, wie er ist.

In seinem Buch »Haben oder Sein« konkretisiert er den Unterschied zwischen der unreifen Form und der reifen Form von Beziehung unter dem Aspekt des Besitzens. Da sind die Menschen, die nach Fromm die Liebe besitzen wollen, so wie man einen Gegenstand sein eigen nennt. Diese Menschen machen die Liebe zu einem Objekt, dem man vielleicht zeit seines Lebens nachjagt. Und dann gibt es da noch die andere Gruppe von Menschen, die im Gegensatz zu den Besitzenden in der Liebe sind, weil sie die Liebe als aktiven selbstlosen Prozess entwickeln. Fromm beklagt in den 1970er Jahren, dass die meisten Menschen bzw. Paare die Liebe als ein Ding betrachten, als etwas, was ihnen in der Partnerschaft zusteht, und vermutet: »die Paare, die einander wirklich lieben, scheinen die Ausnahme zu sein« (Fromm, 1983, S. 52).

Fromm reagiert mit seinem Liebeskonstrukt auf die neuen Werte wie Freiheit, Unabhängigkeit und individuelle Selbstverwirklichung seiner Zeit. Die Anschlussfähigkeit seines Konstrukts an moderne gesellschaftliche Werte verleiht seinen Ideen eine große Popularität. Sie prägen die Beziehungsvorstellungen vieler Paare in den 1970er und 1980er Jahren wesentlich. Er stellt die romantische Liebe, die ohne jegliches Zutun des Menschen beim

Anblick eines anderen plötzlich über ihn kommt und allein eine
Sache des Glücks ist, in Frage. Für ihn ist Liebe vor allem ein
aktives Tätigsein, gespeist aus dem Interesse am Partner: »Liebe
ist die tätige Sorge für das Leben und das Wachstum dessen, was
wir lieben« (Fromm, 1986, S. 37). Für die Liebe in der Ehe oder
Partnerschaft benutzt er den Begriff erotische Liebe. Sie ist selbstlos und verschwenderisch, die reife Liebe trotzt jedem Narzissmus. In der Liebe wird die Dichotomie zwischen Mann und Frau
aufgehoben. Dies geschieht vornehmlich in der Sexualität, der
körperlichen Vereinigung (1986, S. 65). In der erotischen Liebe
wird der Mensch eins: Weil Mann und Frau eins werden, wird
der Liebende auch eins mit der Natur – ein kurzer transzendenter
Zustand, der uns über uns selbst hinaushebt und uns ein Glücksgefühl beschert.

Trotz der Modernität seiner Idee von der aktiven Liebe, die
durch Disziplin, Konzentration und Geduld (S. 122) – alles
Tugenden des industriellen Kapitalismus seiner Zeit – möglich
werden soll, wertet der sonst eher kapitalismuskritische Fromm
das bürgerliche Liebesideal des 19. Jahrhunderts wieder auf. Nicht
das Produkt Mann oder Frau mit möglichst hohem Marktwert
soll zum Objekt der Liebe werden, sondern der Mensch an sich.
Nicht die eigene Gewinnoptimierung auf Grund der Beschaf-
fenheit des Partners soll die Liebesbeziehung aufrechterhalten,
sondern die aktive Bereitschaft, den anderen ungeachtet seiner
individuellen Eigenheiten nahe zu sein, zu lieben. Nicht weil
ich den anderen brauche, liebe ich ihn, sondern ich brauche ihn,
weil ich liebe. Damit erhält Fromm die Idee der romantischen
Liebe aufrecht. Seine Kritik am Kapitalismus, die wesentlich
seine Idee von aktiver Liebe prägt, hindert ihn nicht, zugleich
auch dessen Ideale so in seinem Konzept zu verbauen, dass eine
gewisse Romantik erhalten bleibt. Fromm redet als Soziologe
natürlich nicht von Romantik, sondern von Transzendenz, die
in einem aktiven Liebeshandeln erfahrbar werden soll und so
zugleich die Dichotomie, den Grundkonflikt des Menschen, für
Augenblicke aufhebt.

Reife: Die Voraussetzung aktiver Liebe

Erich Fromm gilt als Wegbereiter der Humanistischen Psychologie, sein therapeutischer Ansatz hatte die geistige und methodische Erneuerung der Psychoanalyse zum Ziel (Kriz, 1994, S. 172 ff.). In Fromms Liebesdiskurs werden das Menschenbild und die Beziehungsvorstellung der Humanistischen Psychologie, die sich in den 1960er Jahren als dritte Kraft neben der Psychoanalyse und dem Behaviorismus etablierte, bereits sichtbar. Nur der reife Mensch, der erwachsene und bewusst lebende Mensch, der seinen kindlichen Narzissmus überwindet, kann dem anderen ein wirklich liebender Partner sein. Die Wechselwirkung zwischen Autonomie und sozialer Interdependenz rückt in den Vordergrund. Selbstverwirklichung wird demnach nur im Bewusstsein der eigenen Abhängigkeit vom Mitmenschen und dem daraus resultierenden Handeln möglich. Im Sinne dieser humanistischen Grundannahme kann man nur bei gleichzeitigem Wissen um die Abhängigkeit vom Partner autonom sein. Diese Ambivalenz auszuhalten und in alltägliches Handeln umzusetzen, fordert eine beträchtliche geistige und psychologische Leistung. Deshalb ist das Wachsen, das sich Entwickeln ein zentrales Anliegen der Humanistischen Psychologie und auch von Fromm.

Fromms Beziehungsideal der erotischen Liebe ist eng gekoppelt an die persönliche Reife. Aus heutiger Sicht, mit dem Wissen um die Grenzen der Entwicklung und der Stabilität von Persönlichkeit über den Lebenslauf, scheint diese Liebe die meisten Menschen eher zu überfordern. Solche Wachstumserwartungen an sich selbst und den Partner erhöhen vermutlich das Risiko, sich gegenseitig in der Beziehung zu enttäuschen. Auch andere viel gelesene Autoren wie beispielsweise Lauster (1992, 1994), dessen Konzept nachfolgend diskutiert wird und der der Humanistischen Psychologie ebenfalls nahesteht, hielten den Glauben an die dauerhafte, erfüllte Liebe zwischen Mann und Frau aufrecht. Voraussetzung ist jedoch, dass die Partner sich selbst und miteinander in der Beziehung weiterentwickeln. Entsprechend wachsen in der Paarbeziehung die gegenseitigen Erwartungen an individuelle Reifung.

Seiffge-Krenke und Schneider (2012, S. 75 ff.) weisen darauf hin, dass eine Paarbeziehung die Persönlichkeitsentwicklung der Partner generell stark fördert, vor allem in den frühen Stadien der Paarbeziehung. Für viele Paare ist dies nicht so offensichtlich, sie entdecken schon nach einigen Ehe- oder Beziehungsjahren die eine oder andere Stagnation beim Partner oder die Tendenz, es sich in der Beziehung gemütlich zu machen. So sitzt der Mann beispielsweise nur noch auf dem Sofa und sieht Fußball und interessiert sich wenig für die neueste Theateraufführung, für die seine Frau ihn zu begeistern versucht. Manche glauben gar zu beobachten, dass der Partner sich gehen lässt oder regrediert, wenn er sich wieder »wie bei Muttern« zu Hause bedienen lässt. Unzufriedenheit schleicht sich ein. Paarbeziehung bedeutet eben Arbeit, und zwar in erster Linie an sich. Natürlich entwickeln sich Menschen weiter und reifen, aber eben oft genug nicht in die Richtung, die der Partner sich vielleicht gerade wünscht.

Die höchste Form der Reife: Die »offene Ehe«

Selbst das bereits angesprochene Konzept der »offenen Ehe«, erstmals beschrieben von Nena und George O'Neill (1975) Anfang der 1970er Jahre, orientiert sich an den Grundtugenden der Humanistischen Psychologie: Selbstwerdung, persönliche Reifung, Offenheit und natürlich die unermüdliche Entwicklung einer unabhängigen, eigenständigen Identität. Ihrer Meinung nach sind dies die Voraussetzungen, um eine offene Ehe zu führen, die jedem Partner seinen benötigten Freiraum, bis hin zu sexuellen Außenkontakten, einräumt. Nena und George O'Neill empfehlen zwar nicht ausdrücklich außereheliche Sexualkontakte, aber sie sollten, wenn sie sich durch Freundschaften ergeben, auch nicht vermieden werden. In der Ehe von zwei reifen Menschen gibt es keine gegenseitigen körperlichen und emotionalen Besitzansprüche. Jeder ist ganz bei sich und zugleich durch die ehrliche Kommunikation miteinander beim anderen. Eifersucht ist überflüssig (vgl. O'Neill u. O'Neill, 1975, S. 145), der Seitensprung wird zur Selbsterfahrung, der die Persönlichkeit erweitert. Offenheit und Akzeptanz sind die Schlagwörter, die die Liebe in der offenen Ehe ermöglichen. Wer Eifersucht fühlt, muss sich mit den dahinter verborgenen Besitzansprüchen konfrontieren lassen.

Da die meisten Menschen diesen Grad der Reife nicht erreichen, gilt in den meisten Partnerschaften die sexuelle Interaktion außerhalb der eigenen Beziehung nach wie vor als Betrug und führt zu Enttäuschungen. Die Konstruktion Liebe ist nach wie vor mit Treue und bei Untreue mit Eifersucht verbunden. Das Konzept der offenen Ehe als Entwicklungsimpuls, ausgehend von der sexuellen Revolution der 1960er Jahre und dem wachstumsorientierten Verständnis von menschlicher Persönlichkeit, hat sich zu Beginn des 21. Jahrhunderts noch nicht durchgesetzt. Ist die romantische Liebesvorstellung, die Liebe unbedingt mit sexueller Treue verbindet, in den Köpfen der meisten vielleicht doch zu stark verankert? Ist das Reifungspotenzial des Menschen zu niedrig? Oder trifft beides zu? Sind die botanischen Metaphern vom Wachstum und Ausreifen der Persönlichkeit überhaupt auf die menschliche Psyche übertragbar? Was wir beobachten können, ist, dass das psychologische und anthropologische Verständnis von den inneren Wachstumsmöglichkeiten des vernünftigen Menschen, welche auch Fromm konstruiert und als Grundlage für seine Kunst des Liebens voraussetzt, wohl vom Durchschnittsbürger nicht erfüllt werden kann.

Beziehungsgütekriterien: Zu hohe Erwartungen?

Das Liebeskonstrukt von Fromm bzw. das, was er als reife, gesunde, wahre Liebe beschreibt, hat einen sehr hohen und meines Erachtens unrealistischen Anspruch. Sein Konstrukt ist die Reaktion auf den Zerfall der westlichen Gesellschaft, den er in den 1970er Jahren zu beobachten glaubt. Ihm, dem Psychoanalytiker, zeigt sich eine kranke Industriegesellschaft, die auf Konsum ausgerich-

tet ist und in der Menschen ihr eigenes Wohl in den Vordergrund
stellen. Diese Gesellschaft unterstützt die Herausbildung besitz-
orientierter und regressiver Charakterstrukturen. Doch er sieht
auch den Fortschritt seiner Zeit, »die Menschen sind nüchterner
und realistischer geworden und viele verwechseln sexuelle Anziehung nicht mehr mit Liebe, noch halten sie eine freundschaftliche, aber distanzierte Teambeziehung für ein Äquivalent von
Liebe. Diese neue Einstellung hat zu größerer Ehrlichkeit – und
zu häufigerem Partnerwechsel geführt. Sie hat nicht unbedingt
dazu geführt, dass man nun häufiger Menschen trifft, die sich
lieben« (Fromm, 1983, S. 53).

Fromm wertschätzt einerseits die Ehrlichkeit und den Realismus, bedauert aber andererseits, dass dadurch nicht mehr Liebe in
die Welt kommt. Für ihn, den Priester der Liebe, wie er von dem
Theologen Michael Weinrich (1983) seinerzeit beschrieben wurde,
gehört zu einer reifen gesunden Beziehung oder Ehe die selbstlose
Liebe. Neue Beziehungsformen wie Kommunen, Gruppenehen
und Partnertausch, mit denen in den 1960er Jahren experimen-
tiert wird, sind ihm suspekt. Diese versuchen lediglich, die Liebe
zu umgehen, »indem sie die Langeweile mit ständig neuen Stimuli
bekämpfen und die Zahl der Partner erhöhen, statt einen wirklich
zu lieben« (Fromm, 1983, S. 54).

Paare, die in traditionellen Beziehungsformen wie der Ehe versuchen, ohne die wahre, aktive und selbstlose Liebe das Leben zu
meistern, erhalten bei Fromm wenig Anerkennung. Ein Zusammenleben auf Grund beiderseitigem ökonomischen Interesse,
auf Grund gemeinsamer Fürsorge für die Kinder und gegenseitiger Abhängigkeit entspricht nicht der Beziehungsform, die
nach Fromm geeignet ist, Liebe oder Glück hervorzubringen. Das
wiederum halte ich für einen Irrtum, es kommt immer darauf an,
auf welche Erfolgs- oder Qualitätsparameter sich Paare geeinigt
haben, anhand derer sie ihre Partnerschaft bewerten wollen.

Mir wurden in meiner Praxis als Familien- und Paartherapeut
schon viele andere Gütekriterien von Beziehungen beschrieben,
die über denen von sexueller Treue oder atemberaubender Ero-

tik stehen. Eine Frau um die vierzig Jahre antwortete mir auf
meine Frage, woran sie denn merke, dass sie eine glückliche
Beziehung führe, dass sie ihrem Mann gegenüber viel Dankbar-
keit empfinde, denn er habe ihr zwei Kinder und ein finanziell
sorgenfreies Leben geschenkt. Auch ihre Ehe sei gut, sie sehe
ihren Mann jedes Wochenende, das reiche ihr völlig aus. Darum
liebe sie ihn und umgekehrt sei dies wohl auch der Fall. Auf die
Frage, wie es mit der gemeinsamen Sexualität aussehe, sagte sie,
sie wisse nicht genau, wie es bei ihrem Mann wäre, er sei ja nur
am Wochenende da. Sie hätten gemeinsam im Abstand von etwa
vier Monaten Sex miteinander, das sei für sie völlig ausreichend
und immer angenehm.

Auch so können gute Beziehungen aussehen, auch solche Partnerschaften können sich wie Liebe anfühlen. Sollte man dieser
Frau suggerieren, dass es doch nicht ausreichend für die Selbstverwirklichung sein könne, nur Kinder zu erziehen, nur Hausfrau
zu sein und nur drei bis vier Mal im Jahr Sex zu haben? Ich denke,
nein. Der Grund, warum sie mich aufgesucht hatte, war das Verhalten eines ihrer Kinder. Sie hielt ihre Beziehung für völlig in
Ordnung. Ich glaube, dass Fromm mit seinem Ideal der reifen,
aktiven Liebe und mit ihm die gesamte Bewegung der Humanistischen Psychologie Anteil daran hat, dass heute viele Psychologen
und Paartherapeuten einer solchen pragmatischen Partnerschaft
nur wenig Beziehungsqualität unterstellen.

Peter Lauster:
Liebe krönt die Sexualität

Ein anderer Autor, der die Vorstellung von Liebe in Paarbeziehungen in der Gesellschaft vor allem in Deutschland mitgeprägt hat, ist der Psychologe Peter Lauster. Sein Buch über die Liebe erschien erstmals 1980 und erreichte über die Jahre hinweg Rekordauflagen. Mehr als eine Million Exemplare wurden verkauft und einige gelangten auch in die DDR: Das Werk wurde vor allem von Frauen gelesen und unter Freunden viele Male weitergereicht. Lauster zeigte sich in seinen Büchern als Frauenversteher. Männer hätten noch viel zu lernen und könnten sich von den Frauen einiges abschauen, insbesondere Feinfühligkeit, das Gespür für die echte und unverfälschte Liebe und die Fähigkeit, im Hier und Jetzt zu leben.

Ähnlich wie Erich Fromm distanzierte sich auch Lauster von der psychoanalytischen Vorstellung, dass das Ausleben von Sexualität eine befreiende Wirkung hat. Sie sei nicht, wie von Freud und Adler angenommen, ein Mittel zur Herstellung körperlicher und seelischer Gesundheit und eigne sich auch nicht zur Prophylaxe. Autoren, die auf Grund ihres Berufes für die seelische Not anderer Menschen besonders sensibilisiert waren, gewannen eher den Eindruck, dass sich psychische Erkrankungen in Deutschland trotz der Befreiung der Lust und des stetig wachsenden wirtschaftlichen Wohlstands häuften. Die Zahl der diagnostizierten Neurosen nahm zwar ab, dagegen stellte man jedoch in den 1980er Jahren eine Zunahme von Persönlichkeitsstörungen fest. Deren Ursache wiederum sahen einige Autoren in der zügellos ausgelebten Sexualität und der menschlichen Entfremdung in der Gesellschaft. Wie dem auch sei, statistische Zahlen sind wohl immer abhängig vom Zeitgeist und davon, was man gerade beobachten oder nachweisen möchte. Diese Annahmen sollen hier nicht weiter diskutiert werden.

Lauster reagiert mit seinen Thesen zum Thema Liebe auf den gefühlt zunehmenden Sexualkonsum in den 1970er und 1980er Jahren. »Sexualität wird so wichtig genommen, dass geglaubt wird, ein sexuelles Erlebnis sei die Voraussetzung für die Liebe« (Lauster, 1992, S. 23). Er bezweifelt, dass mit der Liberalisierung der Sexualität die Menschen tatsächlich an Freiheit gewonnen haben. »Sexualkonsum zeigt keine Freiheit an und führt zu keiner inneren Befreiung, sondern baut, wo körperliche und seelische Spannung reduziert wird, an anderer Stelle neue seelische Spannung der Unausgefülltheit und Unzufriedenheit auf« (S. 24). Hinweise, die diese Behauptung bestätigen, will er in seiner damals zwanzigjährigen Beratungspraxis gesammelt haben. Einige Jahre später schreibt er: »Wir sind in unserem Denken durch den Einfluss der Medien viel zu sexbesessen« (1994, S. 129). Wie auch andere Autoren seiner Zeit sieht er in der Sexualisierung der Medien und Gesellschaft eher einen Fluch als einen Segen.

Sein Mittel gegen Sexbesessenheit und innere Leere, gegen eine gestörte Sexualität in der Partnerschaft, gegen Vereinsamung trotz Zweisamkeit ist die Liebe. Er predigt die Wiederentdeckung der Liebe, die ihm verloren gegangen scheint, die nicht nur wieder neuen Sinn ins Leben bringt, sondern sogar die Sexualität zu etwas Besonderem macht. »Liebe kann die Sexualität steigern und ein seelisches Glücksgefühl erzeugen, dass ohne die Liebe nicht entstünde« (S. 29). Oder: »Erst die Liebe krönt die Sexualität, hebt sie aus einer rein körperlichen Funktion heraus und erzeugt über die Orgasmusbefriedigung hinaus ein Gefühl der Glückseligkeit« (Lauster, 1994, S. 132). Der Autor benutzt dafür ein Gleichnis: »Liebe ist wie die Hefe im Kuchenteig, die bewirkt, dass der Teig aufgeht und der Kuchen besser schmeckt« (1992, S. 30).

Die Liebe ist für Lauster Treibmittel zur Emotionalisierung der Sexualität und der Intensivierung des Lebens überhaupt, sie ist in allen Lebensvorgängen wertschöpfend. Wenn man sein Herz öffnet, dann wird die Liebe wirken, denn sie »ist schöpferisch und findet im richtigen Moment das Richtige« (Lauster, 1992, S. 34). Auf der Suche nach konkreteren Anregungen bezüglich

der Erreichung dieses Glücks findet der Leser ähnliche Hinweise
wie bei Erich Fromm.

Auch Lauster setzt auf die aktive Gestaltung einer Beziehung,
die aber vor allem in der Verantwortung sich selbst gegenüber
liegt und als Selbstentfaltung beschrieben wird. Werde du selbst,
dann klappt es auch mit dem Nachbarn, könnte man verkürzt und
salopp sagen. Lauster beschreibt dies folgendermaßen: »Selbstentfaltung ist dann wirkliche Entfaltung aus dem Selbst, wenn sie
aus der Tiefe der ureigensten Gefühle und Empfindungen erfolgt«
(1994, S. 123). Wer fremdbestimmt handelt, wird die Liebe und
auch eine erfüllte Sexualität nicht finden, so heißt es sinngemäß
weiter. Liebe und erfüllte Sexualität bedingen einander. »Selbstentfaltung ist kein Egoismus auf Kosten anderer«, warnt Lauster
(S. 124), »sie ist vor allem ein Geben, weniger ein Nehmen, ein
Verströmen und kein Verlangen.« Lauster setzt auf Selbstkontrolle, Bedürfnisreduktion und Selbstwerdung, nur so lässt sich
die Fähigkeit zur Liebe entwickeln, die durch falsche Erziehung
blockiert ist: »Liebe entsteht also nicht spontan, auf den ersten
Blick, sondern entfaltet sich oft langsam« (S. 216).

Natürlich enthält der Liebesdiskurs von Lauster auch eine
Gesellschaftskritik, sonst hätten sich seine Bücher wohl nicht
so gut verkauft. Seiner Ansicht nach sind die gesellschaftlichen
Verhältnisse des Kapitalismus schuld daran, dass sich die Liebesfähigkeit des Menschen nicht mehr ausreichend entwickelt.
Die Liebesfähigkeit eines Menschen, die mit Sexualität freilich
nichts zu tun habe, sei jedoch eine Voraussetzung für Liebe und
Glück (Lauster, 1992, S. 88). Da die Fähigkeit zur Liebe nicht
angeboren ist, muss sie durch die Eltern in die Welt kommen
und in der Kindheit gebildet werden. Eine Gesellschaft aber, die
gekennzeichnet ist von Leistungsdruck, Liebesentzug, Misstrauen,
der Macht des Geldes und Sexualisierung, macht es den Eltern
schwer, ihre Kinder so anzunehmen, wie sie sind. So erhalten
Kinder von den Eltern oft nur Liebe und Zuwendung, wenn sie
in der Schule und im Kindergarten tadellos funktionieren und
den Anforderungen der leistungsorientierten Gesellschaft ent-

sprechen. Das Urvertrauen, das Vertrauen in sich selbst, Wurzeln für die Liebesfähigkeit, kann sich nach Lauster unter solchen Bedingungen nicht entwickeln. Stattdessen reagieren Kinder verunsichert, verängstigt, misstrauisch und verhalten sich angepasst. Heran wächst ein verunsicherter und entfremdeter Erwachsener, der ständig geliebt werden möchte, um sich selbst zu finden. Er »frisst die Liebe auf, um sich satt zu fühlen« (S. 89), er kann die Liebe nehmen, sie aber nicht geben, weil er nicht er selbst ist, weil er leer und nicht frei ist.

Und so resümiert Lauster: »Die gesellschaftlichen Verhältnisse sind nicht günstig für die Entfaltung der Liebe« (1992, S. 92). Die Lösung, wie man zu innerer Freiheit gelangen und zur wahren Liebe fähig werden kann, liegt für ihn auf der Hand: Der Mensch muss aus dem ideologischen Käfig ausbrechen. »Durch die Brille einer Ideologie können Sie nicht die Wahrheit finden und Ihre Mitmenschen nicht ganz erfassen, Sie behindern sich selbst, Sie erfahren keine Offenheit, und Sie werden nicht fähig zu lieben« (Lauster, 1992, S. 93). Wir sollten also keine Ein- und Zuordnungen vornehmen und Menschen auf Grund äußerer Merkmale bewerten, sondern sie im Ganzen sehen: »Wir können die Liebe entfalten, wenn wir nur wollen, allerdings müssen wir uns von allen Ideologien frei machen und unseren Denkkäfig verlassen, nur dann sind wir wirklich frei und von den anderen nicht mehr getrennt« (S. 92). Lauster baut dabei selbst eine Ideologie auf, die Ideologie vom entfremdeten und zur Liebe unfähigen Menschen einerseits und die vom Menschen, der sich selbst gefunden hat und zur Liebe fähig ist, andererseits. Er konstruiert die wahre, sich verschenkende Liebe und wertet die Liebe von Menschen, die auf Grund ihrer Persönlichkeit besser Liebe empfangen als geben können, ab.

Ich glaube nicht, dass es eine gute und eine schlechte, eine richtige und eine falsche Liebe gibt. Ich glaube auch nicht, dass der Konsum von Sexualität generell krank macht. Das unterschiedlich ausgeprägte menschliche Bedürfnis nach zeitweiliger sozialer und emotionaler Nähe und Unterstützung als Liebe zu definieren und als richtig, falsch, selbstlos, abhängig, narzisstisch, einseitig, typisch männlich oder weiblich zu kategorisieren, halte ich für unzeitgemäß. Jeder sucht auf seine persönliche Art und Weise mit seinem Partner, seiner Partnerin nach einer die jeweiligen spezifischen Bedürfnisse unterstützenden Beziehungsform. Das war vor der Erfindung der Liebe so und wird auch nach ihr noch so sein.

Nachdem ich Lauster erstmalig und auch Fromm wiederholt gelesen habe, frage ich mich, warum ihre Bücher insbesondere zum Thema Liebe im Westen Deutschlands Rekordauflagen erreicht haben. Zum einen sind sie natürlich sehr charismatisch geschrieben und strahlen eine gewisse Spiritualität aus, die der Nüchternheit und Funktionalität ihrer Zeit widersprach. Zum anderen kann man in vielen Formulierungen versteckt und auch offen Kritik am Wirtschafts- und Gesellschaftssystem dieser Zeit herauslesen. Der Mensch, der nur ein Rädchen im großen Getriebe ist, benötigt etwas Höheres, etwas Erhabeneres, woraufhin er sich selbst transzendieren kann.

»Im Kapitalismus ist die Beziehung zur Ware geworden« (1985, S. 155), so beschrieb es die Theologin Dorothee Sölle. Sie war der Ansicht, dass ein Mensch, der sich und seine Arbeitskraft auf Kosten seiner Identität auf dem Markt verkauft, sich auch im Privaten, vor allem aber in der Sexualität, verkauft. Beziehung und Sexualität wird zu einem Geschäft, zur Ware, zu einem Akt des Gebens und Nehmens, zu einem Tauschgeschäft mit der Folge der Entfremdung und dem Verlust von Liebe. Fromm, Lauster, Sölle und andere sahen traditionelle Werte durch die zunehmende Gewinn-, Nutzen- und Konsumorientierung bedroht. Die Geburtenrate sank kontinuierlich, die Ehe als Institution und die Familie gerieten in die Krise. Was man stattdessen erlebte, war die Verherrlichung sexueller Promiskuität.

Die Kritik am Kapitalismus mag den Büchern zur damaligen Zeit eine gewisse Attraktivität verliehen haben. Ob den Lesern mit den Handreichungen zum Thema Liebe wirklich geholfen wurde, ist schwer zu beurteilen.

Richard David Precht:
Liebe, nur ein angenehmes Zufallsprodukt?

Richard David Precht, derzeit einer der angesagtesten deutschen Philosophen, der nicht nur publiziert, sondern auch im Fernsehen präsent ist, hat sich ebenfalls an des Thema Liebe herangewagt. Er ist zu Recht ein Medienstar, denn ihm gelingt es wie kaum einem anderen, die Welt der Philosophie und Neurobiologie in einer verständlichen Sprache zu erklären. Und er ist dabei noch gründlich bis ins Detail. So erstürmte er im ersten Jahrzehnt des 21. Jahrhunderts mit seinen Publikationen und philosophischen Hörbüchern die Bestsellerlisten. Sein Werk über die Liebe gründet sich zu einem großen Teil auf die kritische Betrachtung und detaillierte Analyse traditioneller und populärer Liebesdefinitionen.

Precht stellt in seinem Buch »Liebe, ein unordentliches Gefühl« (2009) vor allem die evolutionsbiologisch begründeten Liebeskonstrukte des letzten Jahrhunderts in Frage. Er fragt sich, ob das, was Psychologen, Wissenschaftsjournalisten und auch viele Bestsellerautoren behaupten, nämlich, dass Liebe und Sexualität ausschließlich im Dienst der genetischen Selektion stehen und nur deshalb einen Sinn ergeben, auch stimmt. Er bezweifelt, dass die in diesem Zusammenhang oft konstruierten Unterschiede zwischen Mann und Frau, wie zum Beispiel, dass Männer hervorragend orientierte Jäger und Frauen räumlich beschränkte, kommunikative Sammlerinnen seien, tatsächlich richtig sind. Denn eine Grundannahme der vor dem Hintergrund der menschlichen Evolution entwickelten Theorie ist die, dass die Liebe dafür sorgt, dass Menschen zueinander finden, die genetisch gut zueinander passen.

Dementsprechend suchen Männer vor allem schöne, junge Frauen mit vollen Lippen und mit günstiger Körperfettverteilung. Diese Merkmale sollen Signale für Gesundheit und Fruchtbarkeit sein, während Frauen wiederum Männer begehren, die groß, stark und dominant sind, denn sie sollen angeblich die Sippe besser ernähren und vor Feinden schützen können. Doch wie kommt es dann beispielsweise, dass gesellschaftlich anerkannte, erfolgreiche Akademiker, Männer wie Frauen, so fortpflanzungsmüde sind, während in sogenannten unteren sozialen Schichten viel mehr Kinder auf die Welt kommen, wenn doch alles angeboren ist? Wenn weibliche Schönheit, männliche Stärke und Intelligenz evolutionäre Vorteile sind, dann sollten sich diese doch genetisch in den letzten Jahrtausenden durchgesetzt haben. Precht erlaubt sich, die Kausalität, dass das Paarungs- und Liebesverhalten des modernen Menschen ausschließlich auf evolutionsbiologischen Ursachen basiert und damit in den Genen liegt, zu hinterfragen.

Steinzeitliche Verhaltens- und Denkmechanismen allein können die Liebe nicht erklären, so Prechts Resümee. Er entwirft vier kritische Fragen zu diesen doch recht populären evolutionsbiologisch erklärten Liebeskonstrukten (2009, S. 35 f.). Erstens: Biologen und Naturwissenschaftler suchen überall in der Natur nach Logik, doch die Logik selbst ist keine Eigenschaft der Natur, sondern eine spezielle Form des menschlichen Denkens, über die nicht einmal alle Menschen verfügen. So fragt Precht (S. 36): »Ist es eigentlich logisch, hinter allem in der Natur eine logische Erklärung zu vermuten?« Zweitens: Wie sah eigentlich die Umwelt unserer steinzeitlichen Vorfahren aus, dass wir daraus so sicher bestimmte Entwicklungen ableiten können? Trafen die Urmenschen im Regenwald auf die gleichen Umweltbedingungen wie die in der Steppe oder am Meer lebenden Vorfahren? Vermutlich nicht, je nach Lebensraum waren es ganz andere Anforderungen, die an den Menschen gestellt wurden. Es gibt also kein »Basismodell« des Urmenschen, von dem sich die Entwicklung unseres Paarungs- und Beziehungsverhaltens ableiten lässt.

Der dritte Kritikpunkt bezieht sich auf die vorgenommene Trennung zwischen biologischem und kulturellem Verhalten des Menschen, die laut Precht kaum möglich ist, noch dazu über einen Zeitraum von mehreren zehntausend Jahren, da wir doch längst nicht alles über die Lebensbedingungen unserer Vorfahren wissen. Die vierte Schwierigkeit besteht darin zu beweisen, dass jene Merkmale und Verhaltensweisen, die wir für angeboren halten, tatsächlich infolge von Anpassungen an die Umwelt der Steinzeit entstanden sind, wie die evolutionären Psychologen es behaupten. Precht zweifelt daran, verfügen wir doch über zu wenig gesichertes Wissen über das tatsächliche Liebesleben unserer Urahnen (vgl. Precht, 2009, S. 39 f.).

Dies erkennen auch manche Evolutionsbiologen, deshalb beobachten sie das Sexualverhalten von Menschenaffen und versuchen, daraus Rückschlüsse zum Sinn und Zweck des menschlichen Paarungsverhaltens zu ziehen. Precht hält es für sehr unwahrscheinlich, dass wir vom Menschenaffen lernen können, wie unser Bindungsverhalten funktioniert und welche tieferen biologischen Motive möglicherweise hinter der Liebe stecken. Vergleicht man allein die verschiedenen Menschenaffenarten in ihrem Paarungs- und Sozialverhalten untereinander, erkennt man schon sehr große Unterschiede, obwohl sie sich genetisch sehr ähnlich sind. Einzelne Merkmale im Sexualverhalten von Affen auf Menschen übertragen zu wollen, ist wohl alles andere als wissenschaftlich.

Doch hat Precht tatsächlich auch ein neues Konstrukt im Angebot? Ja und nein. Er sagt: »Die Liebe zwischen Mann und Frau ist mehr als die Summe ihrer Teile« (Precht, 2009, S. 168). Für einen Systemiker ist dies nicht überraschend und auch Luhmann und Fromm könnten dem zustimmen. Diese Aussage bedeutet nicht mehr oder weniger, als dass die Liebe äußerst kompliziert und komplex ist, aber das wissen die meisten Paare bereits nach wenigen Monaten. Es heißt weiter über die Liebe: »Sie ist eine eigenständige Größe und ohne biologisch eindeutige Funktion, ein ornamentaler *Spandrel* von atemberaubender Schönheit und Komplexität« (S. 168).

Ein Spandrel, ein Begriff aus der Biologie, beschreibt ein unbeabsichtigtes Nebenprodukt, einen zunächst funktionslosen Zierrat der Natur. Es hat evolutionsbiologisch primär keinen Sinn, es handelt sich um ein Zufallsprodukt wie vielleicht die Fähigkeit des Menschen, sich selbst reflektieren oder in Frage stellen zu können. Spandrels haben keine überlebensnotwendigen Eigenschaften und wenn sie nicht stören, dann werden sie als Informationen einfach von Generation zu Generation weitergegeben. Nach Precht ist die Liebe also ein solches Spandrel. »Eine harmlose Überflüssigkeit. Denn ohne Liebe geht es zwischen Mann und Frau auch« (S. 167). Die Liebe ist kein Trick der Natur, um evolutionsgenetisch gesehen besonders gut zusammenpassende Menschen zueinanderzuführen. Nein, sie entstand vielleicht als Nebenprodukt der Eltern-Kind-Bindung(-Liebe) und wurde nach und nach auch auf die Beziehung zwischen Mann und Frau ausgedehnt. Ist die Liebe tatsächlich ein solches Spandrel, eine für die Fortpflanzung und vielleicht sogar für die Paarbeziehung nutzlose Konstruktion, die zuweilen glücklich macht, aber in den meisten Fällen am Ende einer Beziehung Unglück bedeutet? Diese Frage beantwortet Precht nicht. Zur Fortpflanzung benötigen wir sie gewiss nicht, doch wo sie schon einmal da ist, ordnet er sie den Gefühlen zu.

Die Liebe ist für Precht also ein Gefühl, jedoch kein ordentliches, sondern ein »unordentliches« Gefühl. Sie ist auch keine Emotion, denn unter Emotion versteht er etwas anderes, so etwas wie Triebe bzw. biologische Bedürfnisse: Essen, Schlafen, Trinken, Sexualität. Die Liebe wird durch Vorstellungen ausgelöst und bedient sich dabei neuronaler Muster des Sexual- und des Bindungstriebs (Eltern-Kind-Liebe). Liebe ereignet sich auf drei Ebenen, zunächst auf der Ebene des sexuellen bzw. sinnlichen Reizes, für Precht die Emotion. Danach bemerkt der Mensch, dass etwas mit ihm passiert, ein Gefühl stellt sich ein. Es ist damit verbunden, dass der Mensch versucht zu begreifen, was mit ihm geschieht, einschließlich der möglichen Ursachen, die ihn dazu veranlassen, sich emotional so zu erleben. Schließlich, auf einer dritten Ebene, versetzt der Mensch sich in den anderen hinein, so dass er auf die vermuteten Wünsche und Bedürfnisse des anderen eingehen kann. Es ist ein reflektiertes Verhalten. Das ist der Prozess, der nach Precht die Liebe entstehen lässt oder der als Liebe bezeichnet wird (S. 192). Er ereignet sich sowohl beim Verlieben als auch in der späteren Liebesbeziehung, dann jedoch weniger heftig, dafür aber häufiger.

Über Prechts Begrifflichkeiten, Verständnis und Unterscheidungen zwischen Liebe, Lust und Bindung, Gefühl oder Emotion und reflektiertem Verhalten könnte man hier diskutieren, dies würde jedoch seinem Versuch, die Liebe als Prozess der inneren und äußeren Kommunikation darzustellen, nicht gerecht. Die Kernaussage ist der von Luhmann, nach der Liebe Kommunikation und gegenseitige Erwartung ist (1999, S. 23), sehr ähnlich. Bei Precht heißt es: »Liebe ist eine komplizierte Idee« (S. 170), Kommunikation wird auch bei ihm nur dadurch möglich, da wir in einer Kultur leben, die das Konstrukt Liebe bereithält. Sie entsteht letztlich durch die Illusion, dass Liebe etwas ganz Reales, etwas Gegenständliches ist, das man gewinnen, verlieren oder sich wieder erarbeiten kann.

Prechts Meinung nach ist die Liebe als Gefühl immer mit Vorstellungen, einem Gegenüber, mit Erwartungen und Wünschen verbunden. Dieses spezielle Gefühl ist das Resultat der Kommunikation mit sich selbst und mit dem Objekt bzw. den Menschen, dessen Verhalten wir als relevanten sinnlichen Reiz bewertet und empfangen haben. Wenn es überhaupt so etwas wie ein biologisches Erbe der Liebe gibt, dann müsste man es nach Precht nicht in den Genen suchen, sondern in unserer Beziehung zu unseren Eltern. Das Bedürfnis nach Bindung und Nähe stammt aus kindlichen Fürsorgeerfahrungen. Precht vermutet, dass dieses Bedürfnis später eine Entsprechung sucht und sie in der Beziehung zum Partner als partnerschaftliche Liebe findet. Das biologische Erbe der partnerschaftlichen Liebe liegt nicht in einem genetisch determinierten Zeugungsauftrag. Da der Geschlechtstrieb als solcher jedoch nun einmal entdeckt war, nutzte man ihn als Projektionsfläche für das Bedürfnis nach Beziehungsstabilität und sozialer Sicherheit.

Dieser Idee kann ich durchaus zustimmen, bedeutet sie doch, dass Liebe die Suche nach sozialer und emotionaler Nähe und

Wohlbefinden ist, welches wir in der Nähe von Menschen erleben, die uns gut tun. Diese Suche und das mögliche Wohlbefinden ist jedoch nicht auf Lebenszeit an eine bestimmte Person gebunden. Außerdem können uns auch Gegenstände das Gefühl von Geborgenheit vermitteln. So verliert die partnerschaftliche Liebe ihre Besonderheit und Bedeutung, der Begriff und die Konstruktion lösen sich auf und sie werden kulturell nicht mehr benötigt, um die Institution Ehe zu gründen.

Gerald Hüther:
Liebe und die zwei Hälften eines Ganzen

Der Hirnforscher Gerald Hüther zählt derzeit zu den populärsten Neurobiologen Deutschlands. Es gibt kaum ein aktuelles Thema, zu dem er nicht auch seine Ideen entwickelt und diese mit neuro-biologischen Interpretationen unterlegt hat. In den letzten Jahren wurden seine Veröffentlichungen zeit- und gesellschaftskritischer und seine Vorträge auf Kongressen inhaltlich allgemeiner. Seine Auftritte und Aussagen in wissenschaftlichen Fernsehsendungen und Gesprächsrunden zeigen ihn nicht selten als missionarischen Verfechter der Liebe. Hüther (2010) versucht auch die Frage zu beantworten, was ein Paar im Innersten zusammenhält.

Er geht davon aus, dass sich der Mensch, Mann und Frau, als unvollkommen erlebt, und dass, wenn der Junge zum Mann und das Mädchen zur Frau heranreifen, beide eine Ahnung davon bekommen, dass sie nur dann die ganze Welt in sich tragen kön-nen, wenn sie sich vereinigen. Nur so kann es ihnen gelingen, die in zwei unterschiedlichen Welten gemachten, komplementä-ren Erfahrungen, von denen jeder von ihnen nur die eine Hälfte in sich trägt und die doch ihr oder sein gesamtes Fühlen, Den-ken und Handeln bestimmt, zu einer einzigen, gemeinsamen Erfahrung zu verschmelzen (Hüther, 2010, S. 74 ff.). Einige Paare brauchen für die Verschmelzung, die dann meist oberflächlich ist, weniger Zeit. Andere dagegen nehmen sich länger Zeit, weil sie nach und nach weitere Erfahrungswelten, die weit über die Sexualität hinausgehen, miteinander verbinden.

Dieses Konzept gab es schon im antiken Griechenland. Pla-ton (2006) nutzte zur Erklärung seines Liebeskonzepts im Dia-log »Symposion« eine Zeus-Sage. Demnach hatte der Mensch ursprünglich einen kugelförmigen Körper, zwei Gesichter auf einem Kopf und vier Hände und Füße, zwei Geschlechtsteile usw. Diese Kugelmenschen »besaßen gewaltige Stärke und Kraft, hatten ein ausgeprägtes Selbstbewusstsein und legten sich mit den Göttern an« (2006, S. 57). Zum Missfallen von Zeus wollten sie schließlich den Himmel erobern. Zur Strafe zerteilte er sie: So entstanden Mann und Frau als zwei Hälften eines Ganzen. Apollon hatte dann den Auftrag, die Gesichter der Geteilten so zu drehen, dass »der Mensch ständig seine eigene Teilung vor Augen habe und dadurch anständiger sei« (2006, S. 57).

Die Hälften wurden noch etwas modelliert, so dass sie dem Bild von Mann und Frau entsprachen. Ihre Unvollständigkeit zwang sie nun, die jeweils andere Hälfte zu suchen, um sich mit ihr zu vereinen. Nun umfassten sie sich mit den Armen und umschlangen einander voller Begierde, doch sie starben vor Hunger und Untätigkeit, weil sie Angst hatten, sich wieder zu verlieren und darum nicht mehr bereit waren, sich zu trennen. Das konnte Zeus nicht mit ansehen und er hatte Mitleid mit den Halben und setzte noch einmal ihre Geschlechtsteile um, nach vorn, so dass sie sich verbinden und Nachkommen zeugen konnten (Platon, 2006, S. 61). Diese Sage bildet die Basis des platonischen Liebeskonstrukts, das auch von Hüther bemüht wird, um den »wundersamen Austausch über die in zwei verschiedenen Welten gemachten Erfahrungen« (S. 77) zu erklären. Mann und Frau sind demnach nur Halbe und werden durch die Beziehung miteinander vollkommen. Was sie verbindet, ist die Sehnsucht nacheinander. So versucht jeder die zu ihm passende Hälfte zu finden. Eine schöne Geschichte, die verschiedene nachfolgende Liebeskonstrukte prägte.

Ich denke, es ist ein Irrtum zu glauben, die Frau oder der Mann wären nur eine halbe Sache und die menschliche Vollkommenheit hinge davon ab, dass sich die beiden Hälften finden und in einem gemeinsamen Leben vereinen. Ob Mann oder Frau, das jeweilige System trägt alle Entwicklungspotenziale in sich, die nötig sind, um als Mensch auszureifen. Als soziale Wesen benötigen wir zwar von Kindheit an die Interaktion mit anderen Menschen, aber eine zweite Hälfte, eine manchmal als bessere

Hälfte beschriebene, wird zur Bildung einer Persönlichkeit, einer Identität allein nicht ausreichend sein. Jeder Mensch, auch der Arbeitskollege, mit dem ich in eine Interaktion trete, beeinflusst mehr oder weniger meine Entwicklung. Ob menschliche Entwicklung unbedingt vertikal verläuft, also nach oben, auf etwas Höheres, auf Vollendung und Vervollkommnung hin ausgerichtet ist, scheint in diesem Zusammenhang ebenfalls fraglich. Auch das, was in unseren Augen als Rückschritt verstanden wird, vielleicht das Aussterben einer Art oder die Wiederbesiedlung eines Lebensraums, ist für die Natur lediglich ein Entwicklungsschritt und völlig qualitätsfrei. So gibt es vermutlich auch keinen Werteverlust, nur die immerwährende Veränderung. Bei Evolution geht es um Vielfalt, sie vollzieht sich horizontal.

Was heißt das für ein Liebeskonstrukt? Wir werden durch die partnerschaftliche Liebe nicht vollkommener, nicht besser. Es gibt keine andere komplementäre Hälfte, die zu uns gehört und durch deren Anhaftung wir heil werden. Menschen begegnen sich, verbringen Zeit und lösen Aufgaben miteinander, dabei erfahren sie Zuneigung und Konflikte gleichermaßen. Manchmal bleiben sie länger zusammen und manchmal entscheiden sie sich, getrennte Wege zu gehen, um mit anderen Menschen in naher Beziehung Anregungen zu erfahren oder um dem Alleinleben den Vorrang zu geben.

Arnold Retzer:
Mehr Realismus in der Liebe

Arnold Retzer, Mediziner, Psychotherapeut und Lehrtherapeut für systemische Therapie, entzaubert in seinem Buch »Lob der Vernunftehe« (2010) die Ehe und die Erwartungen, die an sie geknüpft sind. Seiner Meinung nach gibt es in Paarbeziehungen unlösbare Probleme. Wer mit diesen Problemen leben will, muss eine besondere Form der Reife entwickeln, eine Reife, die Enttäuschung und Resignation kennt und in die Gelassenheit des Ertragens mündet. Im Laufe dieser Entwicklung müssen sich Paare insbesondere von zwei Illusionen, die typisch für viele Konstrukte von Liebe sind, verabschieden: Ewigkeit und Vollendung (Retzer, 2010, S. 78). Bei beiden Illusionen handelt es sich um typisch romantische Vorstellungen der Liebe. In der Vollendung führt die Liebe zwei seelenverwandte Menschen zusammen. Es ist die Liebe selbst, die festlegt, welche Menschen füreinander bestimmt sind. Wie die Liebe herausfindet, wer zueinander passt, verrät uns das Konzept nicht. Es passiert einfach, die Liebenden hinterfragen nicht, sie lassen sich ein und interpretieren ihre Gefühle und Erregungen als Liebe. Mit ihrem Zusammenkommen erfüllt sich das Schicksal Liebe, diese Vollkommenheit scheint für die Ewigkeit bestimmt zu sein. Dieser Zustand mit der Aussicht von Dauer wird als Glück interpretiert und verleitet die Partner dazu, sich zu versprechen, einander auch weiterhin glücklich zu machen. So werden durch die Überhöhung einer Beziehung Erwartungen aufgebaut, die weder das Schicksal noch die sich Liebenden durch harte Arbeit an sich erfüllen können: »Wenn man sich das Glück verspricht und sogar verspricht, den Partner glücklich zu machen, verspricht man etwas, was nicht zu halten ist« (2010, S. 151).

Retzer stellt einige hier bereits kritisch diskutierte Aspekte der romantischen Liebe in Frage, am interessantesten ist jedoch sein Versuch, die Paarbeziehung als Freundschaft zu interpretieren (Retzer, 2006, 2010). Retzer beschreibt drei Formen von Freundschaft und bezieht sich dabei auf Aristoteles: die nützliche Freundschaft, die angenehme Freundschaft und die gute Freundschaft. Diese drei Vorstellungen von Freundschaft weisen in der Interaktion unterschiedliche Verhaltenscodes auf und verfolgen unterschiedliche Ziele. Für die Paarbeziehung besonders geeignet ist seiner Ansicht nach das Konzept der guten Freundschaft. »Die gute Freundschaft hat ihren Zweck in sich selbst, sie ist Mittel und Zweck zugleich. […] Die gute Freundschaft organisiert sich im praktischen Zusammenleben und ist nicht von der Erfüllung bestimmter Zwecke (Nutzen, Genuss) abhängig« (Retzer, 2010, S. 154).

Dennoch können nützliche wie auch angenehme Aspekte in einer guten Freundschaft, ich nenne sie einmal Paar-Freundschaft, enthalten sein. Die gegenseitige Unterstützung und schöne miteinander geteilte Zeiten sind oft Begleiterscheinungen einer Freundschaft und machen das Leben reichhaltiger. Damit eine Freundschaft entsteht, ist Verliebtheit keine Voraussetzung. Zunächst sind nur ähnliche Interessen von Vorteil. Man trifft sich beim Sport, im Chor oder in einem Arbeitsprojekt, tauscht sich aus oder hilft einander. Gibt es auch auf der Persönlichkeitsebene Anschlussmöglichkeiten, kann eine Freundschaft entstehen, die sexuelle Interessen vernetzt – und das, ohne dass man sich gleich Liebe und Treue verspricht. Die Nützlichkeit des Freundschaftskonzepts für die Beschreibung von Paarbeziehungen und die Interpretation des Beziehungserlebens soll später diskutiert werden.

Wolfgang Schmidbauer:
Die komische Seite der Liebe

Die Liebe ist oftmals voller Missverständnisse, stellt Wolfgang Schmidbauer (2011) fest. Er zählt zu den renommiertesten Paartherapeuten und Psychologen Deutschlands. In einer Kolumne im Magazin der Wochenzeitschrift »Die Zeit« verfasst er Kommentare und Ratschläge zu Geschichten aus dem Liebesleben der Deutschen. Veröffentlichungen zum Thema Beziehung und Partnerschaft aus seiner Feder erscheinen in hohen Auflagen. Das Wort Liebe fällt bei Schmidbauer relativ selten, überhaupt verklärt er die Liebe in der Paarbeziehung weit weniger als beispielsweise sein Kollege Peter Lauster. Er beschreibt eher Möglichkeiten, wie sich die Beziehung zwischen Mann und Frau gestalten lässt, ohne überhaupt das Liebesideal zu pflegen. Seine Grundideen für das Gelingen von Paarbeziehung sind dabei relativ einfach: Überwindet in der Beziehung euren Narzissmus, bleibt dabei aber ihr selbst. Redet miteinander, ohne euch dabei zu mobben. Seht genauer hin, nehmt den Partner genauer wahr, bevor ihr den anderen bewertet und interpretiert.

Manche seiner analytischen Interpretationen kann ich als systemischer Paartherapeut nicht teilen. So rät er beispielsweise einer blonden langhaarigen Frau, die sich ihre Haare hatte abschneiden lassen, weil sie sich verändern und etwas Neues ausprobieren wollte, Folgendes. »Eine Frau, die sich ihre Haare abschneiden lässt, weckt in ihrem Partner womöglich Verlust- und Kastrationsängste. Sie sollte das also nicht voreilig tun, wenn sie ihn nicht verstören will« (Schmidbauer, 2011, S. 81). Ich habe privat und auch in meiner Praxis schon mit einigen Männern gesprochen, deren Frauen sich die Haare im Alter zwischen 30 und 40 Jahren abschneiden oder sehr kürzen ließen, noch keiner hat mir gegenüber in diesem Zusammenhang von Kastrationsängsten gesprochen.

Vielen anderen Ansichten Schmidbauers stimme ich jedoch zu: »Eine Beziehung ist nicht objektiv intakt oder unglücklich. Sie besteht aus den Vorstellungen, die sich die Partner voneinander machen« (Schmidbauer, 2011, S. 41). Ich würde sie ergänzen wollen, denn nicht nur die Vorstellung davon, wie der Partner sich verhalten sollte, spielt eine Rolle, sondern auch die Kommunikation darüber. Nun ist die Frage: Wie entstehen die Erwartungen, die die Partner aneinander haben? Durch frühkindliche sexuelle Erfahrungen, die zu Penisneid, Kastrationsangst oder gar zu einem Ödipuskomplex führen? Ich denke, nein. Sicher spielen komplexe frühkindliche Bindungserfahrungen eine große Rolle. Sie prägen das emotionale Gedächtnis, welches Neurobiologen im limbischen System unseres Gehirns verorten. Bindungsforscher wie Grossmann und Grossmann (2004) haben festgestellt, dass körperliche, emotionale Präsenz und Feinfühligkeit der Eltern dem Kind gegenüber zu positiven Bindungserfahrungen führen und eine solche, als emotional sicher definierte Bindung die Persönlichkeit eines Menschen wesentlich beeinflusst – genauso wie negative Bindungserfahrungen wie Deprivation oder Traumatisierung. Es gibt also Beziehungserwartungen, die in unserer Persönlichkeit begründet sind.

Einen sicher ebenfalls nicht zu vernachlässigenden Einfluss auf die Beziehungserwartung haben die digitalen und Printmedien. Sie beschreiben, wie ein Partner aussehen sollte, mit dem wir uns glücklich, geborgen und frei zugleich fühlen. Die Werbung verrät uns, wie Kleidung, Geruch und der Körper unseres Partners beschaffen sein sollte, um uns zufrieden zu stellen. Es gab immer gesellschaftliche und kulturelle Instanzen, die die Vorstellungen voneinander geprägt und die Qualität der Beziehung zwischen Mann und Frau bewertet haben. Das heißt, dass Paare immer versucht und gezwungen sind, sich und den anderen in Bezug zur Umwelt objektiv zu konstruieren.

Wenn Schmidbauer den Paaren bewusst macht, dass keine Beziehung objektiv ist (2011), erhöht er die Chance, auch die Liebe und die mit ihr an den Partner gerichteten Erwartungen zu relativieren. Diese Ansicht halte ich für sehr hilfreich. Vielleicht erkennen Partner so, dass nicht nur der andere Anteil daran hat, wenn sie mit ihrer Beziehung nicht zufrieden oder unglücklich sind, sondern auch ihre eigenen Vorstellungen von Liebe eine Rolle spielen.

Paul Bloom:
Liebe und die Anbetung des Besonderen

Eine andere Form, die Leidenschaft und vielleicht auch die Liebe zu verstehen, ist die von Paul Bloom (2011). Der amerikanische Psychologe versucht unter anderem die Frage zu beantworten, was Mann und Frau zueinander bringt. Sein Erklärungsansatz entspringt dem Essentialismus. Dieser geht davon aus, dass wir Objekten und auch Menschen ein bestimmtes Wesen, eine besondere Bedeutung unterstellen, dass wir grundsätzlich geneigt sind, Dinge wesenhaft zu verstehen. Dafür gibt es unzählige Beispiele im Alltag. Wir wissen, dass die Kopie eines Kunstwerks, sagen wir von Paul Klee, weit weniger wert ist als das Original, selbst wenn man beide kaum voneinander unterscheiden kann oder die Kopie gar besser ist als das Original. Allein die Tatsache, dass das Bild aus der Hand eines bestimmten Menschen stammt, der in der Kunstszene etwas Besonderes darstellt, lässt es im Wert steigen. Das Bild an sich ist zunächst nur ein Bild: Holz, Leinwand und Farbe. Doch die Vorstellung, dem Original wohne eine Geschichte und das Wesen des Künstlers inne, lässt es zu einem ganz außergewöhnlichen Bild werden, das sich von anderen abhebt.

Es gibt Menschen, die für das Hemd eines prominenten Musikers auf einer Auktion Millionen von Euro zahlen. Würde es vor dem Verkauf gewaschen, verlöre es an Wert. Der Wert eines Hemdes steigt mit der Vorstellung, dass es einst von einem berühmten Menschen getragen wurde, dass sein Wesen auf dieses Objekt übergegangen ist. Dabei hat das Kleidungsstück keinen Gebrauchswert, der Käufer wird es vermutlich nie anziehen, sondern es in eine Vitrine hängen, vielleicht wird er hin und wieder daran riechen und sich dem Künstler so nahe fühlen. Das ist Essentialismus, der Glaube, dass Dinge, Menschen eine bestimmte

Geschichte haben oder dass sie ein besonderes Wesen, eine Essenz auszeichnet.

Das, was wir lieben oder anbeten, verbinden wir mit etwas Besonderem, mit etwas, was andere Menschen nicht haben, mit einem ganz einmaligen Geist oder Wesen. Der Essentialismus macht die Verehrung von Gegenständen und Menschen überhaupt erst möglich. Religionen sind ohne essentialistische Rituale und Handlungen nicht vorstellbar. Man denke an die Bibel, dessen Verfassern in der Vorstellung vieler Gläubiger der Heilige Geist die Feder führte. Reliquien sind ebenfalls ein gutes Beispiel. Wie viele Bücher wurden über das Grabtuch von Turin geschrieben, ein Leinentuch, in dem angeblich der Leichnam von Jesus von Nazareth eingewickelt gewesen sein soll?

Das Sakrament des Abendmahls ist wohl eines der stärksten essentialistisch aufgeladenen Rituale in der christlichen Kirche. Hier werden durch Worte und Taten eines Pfarrers bzw. Priesters und den Glauben der Gemeindeglieder ein Stück Brot und ein Schluck Wein in den Leib und das Blut Christi verwandelt. Dieser Vorgang wird in der katholischen Theologie als Transsubstantiation, als Wesensverwandlung bezeichnet. Wie und wodurch die Umwandlung genau geschieht und wie hoch der Grad der Präsenz Christi beim jeweiligen Umwandlungsritual ist, darüber waren und sind sich Theologen nach wie vor uneinig. Viel interessanter ist, dass etwas ganz Gewöhnliches durch den Glauben über alle Maßen an Bedeutung gewinnt und damit anbetungswürdig erscheint.

Ist die Liebe so eine Art Umwandlung? Man denke nur an folgenden Ausspruch, der auf Christian Morgenstern zurückgeht: Alles ist schön, was man mit den Augen der Liebe betrachtet. Verhilft uns die Liebe im Sinne des Essentialismus dazu, ganz normale Menschen zu etwas Besonderem zu machen, so dass wir sie begehren? Diese Neigung, Fähigkeit und Leidenschaft des Menschen ist meiner Ansicht nach eine Voraussetzung, partnerschaftliche Liebe zu konstruieren und damit einer alltäglichen Beziehung eine herausragende Bedeutung zu verleihen.

Bereits kleine Kinder tun dies. Sie haben beseelte Kuscheltiere, ohne die sie am Abend nicht einschlafen können, oder Kuscheltücher, die sie sich ans Gesicht halten, um zu entspannen. Später, wenn sie größer werden, sind es dann Hamster und Musikidole, ohne die sie nicht mehr leben wollen. In der Pubertät wird dann die Lena oder der Max von nebenan aufgewertet und man findet sie süßer und attraktiver als andere Mädchen oder Jungen in der Straße. Man erdenkt Geschichten um diese Personen herum und verbindet sie mit etwas, das größer ist als man selbst und damit auf bestimmte Art anbetungswürdig.

Dieses Phänomen der Verehrung erkennt auch Erich Fromm. Er ist der Ansicht, dass jeder Mensch ein Objekt der Hingabe als Brennpunkt für sein Leben benötigt. Nur so kann es ihm gelingen, den Grundkonflikt seines Lebens zu lösen, nämlich die Trennung des Menschen von der Natur durch die Freiheit des Verstandes. »Wir brauchen ein Objekt der Hingabe und Verehrung, um unsere Energien in eine Richtung zu lenken, um unsere isolierte Existenz mit all ihren Zweifeln und Unsicherheiten zu transzendieren und um unser Bedürfnis, dem Leben einen Sinn zu geben, erfüllen zu können« (Fromm, 1983, S. 134).

Für die Partnerwahl kann die Fähigkeit zur Hingabe gekoppelt mit der Neigung, in einem Objekt, einem Menschen etwas Essenzielles zu erkennen, ein Segen sein. Denn das Angebot ist groß, wie also denjenigen finden, mit dem man eine – möglichst sinn- und bedeutungsvolle – Beziehung eingehen möchte? Bloom (2011, S. 83 f.) ist der Ansicht, das Aussehen nicht alles ist, wenn es um sexuelle Anziehung geht, er glaubt, dass die Neigung zur Essentialisierung eine wesentliche Rolle spielt. Diese Idee beantwortet die ganz generelle Frage, warum auch Dinge oder Menschen, die nicht den gegenwärtigen, kulturell geprägten Idealvorstellungen entsprechen, geliebt werden. Zu jedem Topf findet sich sprichwörtlich ein Deckel. Aber warum? Nach darwinistischer Vorstellung sollten sich doch nur die Fittesten durchsetzen und fortpflanzen. Stellt die Liebe bzw. die Essentialisierung die Evolutionstheorie in Frage? Vielleicht, weil es das gibt, was wir Liebe nennen, nämlich die Fähigkeit, durchschnittliche Dinge zu etwas Besonderem zu machen. Dann wäre Liebe kein Gefühl, sondern lediglich die Neigung, etwas Alltäglichem, einem in der Masse unscheinbaren Menschen etwas Bedeutungsvolles anzuhaften und ihn so nur für uns selbst zu beseelen.

Liebe heute: (Er-)Klärungsversuche

Liebe als überholte Vorstellung? Begehren, Verschmelzung, Selbstlosigkeit und Transzendenz

Im 18. Jahrhundert vermittelte die Erfindung der romantischen Liebe den Menschen, die nach individueller Identität strebten und sich vom Ständedenken weitestgehend gelöst hatten, Sicherheit. Heute hingegen scheint genau dieses Konstrukt überholt. Unser Problem ist heute nicht so sehr der Mythos der partnerschaftlichen Liebe an sich, sondern die Vorstellungen, die man mit ihr verknüpft: Begehren, Verschmelzung, Hingabe, Selbstlosigkeit, Lebenssinn, Transzendenz und vor allem Dauer: »Liebe ist sodann als Geschlechterliebe die das ganze Leben umfassende Partnerschaft in der Form der Einehe« (Fritzsche, 1983, S. 97). Liebe wird gleichgesetzt mit Erfüllung. Das höchste Glück ist die Liebe in der Partnerschaft: »Wer glücklich werden will und seinem Leben Sinn verleihen möchte, kommt nicht an der Liebe vorbei« (Lauster, 1992, S. 233 f.). Die Beschwörer der Liebe, die aus einer zufälligen Empfindung oder einem natürlichen und sehr verbreiteten zwischenmenschlichen Vertrauen ein universelles Prinzip ableiten, tragen die Liebe selbst zu Grabe. Die Liebe, wenn es sie überhaupt je gegeben hat, stirbt. Sie löst sich auf wie der Glaube an etwas, das außerhalb von uns selbst existiert und größer ist als wir. Viele moderne europäische Menschen haben keine Lust oder Zeit mehr, sich im Alltag zu transzendieren.

Das verbindet sie mit den Menschen der Zeit vor der Erfindung der Liebe. Letztere hatten einfach keine Ressourcen, im Alltag das Phänomen Liebe zu konstruieren. Erstens war ihr Leben zu kurz und zweitens zu beschwerlich. Für den Urmenschen war es vermutlich ein Glück, wenn er genug zu essen hatte und nicht als Nahrung eines Säbelzahntigers endete. Selbst später, als die Liebe in den antiken philosophischen Schulen, in den Tempeln und den Klöstern von einer kleinen elitären gesellschaftlichen Schicht beschrieben wurde, erfreute sich das einfache Volk eines Lebens ohne Liebe und ihre Sexualität war vermutlich nicht schlechter als die von vielen Paaren heute.

Natürlich hatten auch sie ihre Rituale, die ihnen halfen, dem beschwerlichen Alltag zu entfliehen oder besondere Höhepunkte ihres zumeist an vegetativen Zyklen orientierten Kalenders zu feiern. Man beobachtete die Natur, ihre ständige Erneuerung aus sich selbst heraus. Man beging orgiastische Feste, um den Frühling zu begrüßen oder das Erlegen eines großen Tieres zu feiern. Sexualität eignete sich hervorragend zum Spannungsabbau, zur Stressregulierung, zur Herstellung sozialer Kontakte und deren Harmonisierung. Vermutlich werden schon unsere Vorfahren sie nicht ausschließlich nur zur Fortpflanzung praktiziert haben. Die Menschen nutzten diese Gabe, um sich das Leben angenehmer zu gestalten und zu erleichtern, so wie sie ihre Beine und Füße nutzten, um sich fortzubewegen. Nicht immer bestand das Ziel der Fortbewegung darin, zu jagen oder zu sammeln. Aus der Fähigkeit zu laufen ein göttliches Prinzip abzuleiten, würde uns nicht einfallen.

Liebe ist eine Erfindung unseres Geistes und für unsere individuellen Liebeskonstruktionen hält die Gesellschaft einige Vorlagen bereit. Vermutlich würden wir uns niemals verlieben, wenn wir nicht schon einmal davon gehört hätten, vermutet Illouz: »In jedem noch so banalen Gefühl kommt auch eine Gesellschaft zum Ausdruck und zugleich die Geschichte, die solche Zusammenhänge bestimmt« (2012, S. 55). Wir erfahren aus Filmen, Romanen oder einfach nur von unseren Nachbarn von der Liebe. Bereits in der Pubertät beginnen wir an unserem Liebeskonstrukt zu basteln, so wie wir an unserer Identität feilen, wir entwickeln Ideen davon, was wir Liebe nennen wollen. Geht es nicht dabei oft um Begehren und soziale Nähe?

Je nachdem, welchem Begehren wir den Namen Liebe geben, können wir auch schnelle Autos, eine spezielle Markenkleidung oder einen Hund lieben. Unser Begehren ist gut und wichtig, weil es unser Leben angenehmer macht. So können wir bei Regen mit dem Auto bequem in die nächste Stadt fahren. Wir können Kleidungsstücke oder Uhren sammeln und so unsere Identität unterstreichen. Ein Hund kann das Kontakt- und Interaktionsbedürfnis befriedigen und uns vor dem Alleinsein bewahren.

Was allen Objekten unserer Begierde gleich ist: Sie wirken auf die eine oder andere Weise anziehend, wir geben Geld aus und investieren Zeit, um sie zu besitzen und zu benutzen. Sie sorgen für Wohlbefinden, für Entspannung, für ein schöneres Leben. Wie wir unser Begehren nennen, hängt von der Kultur ab, in der wir leben. Ein dauerhaftes Begehren nur ein und desselben Objekts ist nach allem, was wir aktuell über das menschliche Gehirn wissen, äußerst selten. Das Gehirn langweilt sich nicht gern, es ist neugierig und immer auf der Suche nach etwas Lernbarem, etwas Neuem.

Nun ist es meist relativ unproblematisch, Objekte zu begehren. Wir schreiben ihnen nicht zwingend eine Persönlichkeit zu, und die Art und Weise, wie wir sie begehren, kann sie nicht kränken, nicht entwerten. Begehren wir jedoch einen anderen Menschen, besteht diese Gefahr. Der Benutzte konstruiert nicht selten das Gefühl von Ehrverlust, wenn er den anderen Partner Woche für Woche bekocht und versorgt. Kann sich derjenige sagen, dass er dies aus Liebe tut, kann er seine Ehre aufrechterhalten und seine Persönlichkeit nimmt keinen Schaden. Liebe ist aus dieser Sicht also hilfreich, das gegenseitige Benutzen zu bemänteln und sich in seiner Besonderheit und Individualität nicht herabgesetzt zu fühlen. Etwas aus Liebe zu tun, ist nicht verwerflich. Vielleicht ist das auch ein Grund, warum wir uns nicht von diesem Konstrukt trennen können. Die Erfindung der Persönlichkeit und mit ihr der Individualität fällt vermutlich nicht zufällig zeitlich mit der Erfindung der romantischen Liebe zusammen.

Wir sind also nicht gezwungen, aus der Fähigkeit zu Begehren, zur sexuellen Interaktion, zu Empathie oder Hilfs- und Kompromissbereitschaft ein höheres Prinzip zu konstruieren und es Liebe zu nennen. Normale menschliche Fähigkeiten werden im Kommunikations- und Erwartungskontext der Liebeskonstruktion überhöht und auf eine Stufe gehoben, die viele Paare in der heutigen Gesellschaft überfordert. Die Medien nähren den Glauben vieler Menschen an ein Recht auf die Liebe und auf die Erfüllung dieser speziellen Sehnsucht. Vielleicht haben wir ein Recht auf Sexualität, so wir in der Lage dazu sind, und möglicherweise auch auf Nachkommen, doch in welcher Beziehungsstruktur sich ein Paar dies erlaubt, kann ganz unterschiedlich sein. Liebe ist keine Voraussetzung für eine »glückliche« Paarbeziehung.

Ich will damit keineswegs sagen, dass wir keine Beziehungs-ideale brauchen. Im Gegenteil: Wir brauchen sie, damit wir ein Ziel haben, das uns Orientierung gibt und uns aufbaut, wenn die partnerschaftliche Kommunikation krisenhaft verläuft. Doch wir brauchen ein Ziel, das erreichbar ist und das es Paaren erlaubt, beieinander zu bleiben, auch wenn sich die Partnerschaft zeitweise wie Gewohnheit, Alltag und gegenseitiges Versorgen anfühlt.

Liebe als Exklusivverhältnis?
Treue und Treue zu sich selbst

»Liebe ermöglicht Exklusivverhältnisse«, konstatiert Retzer (2010, S. 27) in seinem Buch über das Lob der Vernunftehe. In diesem Zusammenhang beschreibt er die Möglichkeiten einer Liebesbeziehung, sich nach außen in verschiedenen Bereichen abgrenzen zu können. So wird es Mann und Frau möglich, sich von ihren Herkunftsfamilien zu entkoppeln, wenn sie sich als Liebespaar erschaffen. Da das derzeitige Liebeskonstrukt auf emotionaler und insbesondere auf sexueller Treue basiert, gehören intime Beziehungen zu anderen Menschen meist nicht zum Partnerschaftsideal. »Wenn du mich liebst, gehst du nicht fremd«, lautet der gegenseitige Anspruch von sich Liebenden. Doch wenn man bedenkt, wie viele Menschen fremdgehen, obwohl sie sich in festen Paarbeziehungen befinden, sind doch Zweifel an diesem Liebeskonstrukt berechtigt. Es wird grob vermutet, dass jeder zweite Mann und jede zweite Frau mindestens einmal in der Beziehung fremdgeht (vgl. auch Brand et al., 2011).

Der Treuebruch geschieht meist im Geheimen. Bei einem Seitensprung schafft die Liebe eine Opfer- und eine Täterseite: Opfer ist der Betrogene und Täter der Betrüger. So gibt es Schuldige und Unschuldige. Da die Liebe in ihrem Treueanspruch radikal ist, ist es kaum möglich, die konstruierte Schuld jemals zu tilgen. Wird die heimliche sexuelle Beziehung, der Treuebruch offenbar, dann ist das meist auch der Anfang vom Ende einer Liebesbeziehung. Umso stärker Paare ihr Zusammensein als Liebesbeziehung konstruiert haben, desto schwerer wird es, mit der Schuld des Fremdgehens umzugehen. Entweder man verabschiedet sich vom Konstrukt Liebe und sieht ein, dass es sich bei dieser Idee um ein nicht realisierbares Ideal handelt, und hält die Beziehung ohne Liebe aufrecht, oder man trennt sich und geht eine neue Partnerschaft ein, was wohl am häufigsten der Fall sein dürfte. So kann ich mir den Glauben an die eine wahre Liebe bewahren, während ich den an mir und an der Liebe schuldig gewordenen Partner hinter mir lasse. Ich muss nicht an meinem Konstrukt, sondern lediglich an dem Menschen zweifeln.

In Sachen Fremdgehen herrscht wie bereits erwähnt völlige Gleichberechtigung. Schon längere Zeit wird in diesem Zusammenhang die Frage diskutiert, ob der Mensch eine Veranlagung zur Treue hat oder nicht. Gleichen wir in unserem Bindungsverhalten eher den monogamen Höckerschwänen oder den Bonobos und Schimpansen, die sich eher polygam verhalten? Und wem nutzt der eine oder andere Standpunkt? Um die romantische Liebeskonstruktion aufrechtzuerhalten, wäre es wohl nützlich, man könnte die Monogamie zweifelsfrei genetisch und neurobiologisch als menschliche Norm nachweisen. Doch was würde das für die vielen Millionen Menschen bedeuten, die zwei oder mehrere Sexualpartner gleichzeitig haben? Sie würden eventuell als behandlungsbedürftig gelten. Man denke nur daran, dass Homosexualität lange Zeit als psychische Störung verstanden wurde und entsprechende sexuelle Interaktionen bis in die Mitte der 1970er Jahre in Westdeutschland unter Strafe standen. Erst Anfang der 1970er Jahre entfernte man die Homosexualität aus den Diagnostikmanualen. Bedeutet das im Umkehrschluss, dass sich das Liebeskonstrukt ändern muss, welches zugleich eine sehr rigide Gewissensinstanz darstellt?

Vielleicht sollten wir uns von einem Entweder-oder lösen. Vermutlich ist die Haltung und das sexuelle Verhalten eines Menschen von mehreren Faktoren abhängig, zum einen von den moralischen Normen der jeweiligen Kultur, zum anderen von der eigenen Persönlichkeit und von der physiologisch-psychologischen Situation des Einzelnen, von seiner gesellschaftlichen Verortung und auch von der sexuellen Anschlussfähigkeit der Partner in der Primärbeziehung. Vermutlich kann sich sogar ein und derselbe Mensch zunächst stärker polygam, im Rahmen der Familiengründung monogam und später wieder polygam orientieren.

Vielleicht muss die Paarbeziehung, das gemeinsame Großziehen von Kindern auch nicht durch freie sexuelle Kontakte außerhalb der Partnerschaft gefährdet sein, wenn wir diese Möglichkeit von vornherein integrieren. Letztlich ist kein Phänomen von Grund auf mit einer feststehenden moralischen Bewertung verbunden, ist es doch immer eine Frage des gesellschaftlichen Kontextes, der eigenen Lernfähigkeit und der Bedeutungszuschreibung.

Liebe als biologische Konstante? Bindung in kindlichen und Partnerschaftsbeziehungen

Doch warum übt die Idee der Liebe mit dem Qualitätsmerkmal emotionaler und sexueller Treue eine so große Faszination auf viele Menschen aus? Eine einleuchtende Hypothese dazu liefert Schmidbauer. Er erklärt sie seinem psychoanalytischen Verständnis entsprechend mit Begriffen wie Symbiose und Objektfixierung (2009a, S. 33 f.). Es ist die Sehnsucht der Menschen nach einer tiefen, untrennbaren emotionalen Sicherheit und Verbundenheit, ähnlich dem Zustand, den Säuglinge in Beziehung zu ihrer Mutter in der oralen Phase erleben. Die Psychoanalyse spricht von der Sehnsucht nach Verschmelzung, Spiegelung und Anlehnung (Schmidbauer, 2009b, S. 154 ff.). Die Liebe, verbunden mit dem absoluten Treuegebot, soll in diesen Urzustand von Beziehung zurückführen.

Leider wissen wir nicht genau, was Säuglinge in der oralen Phase tatsächlich empfinden, sie können sich in dieser Entwicklungsphase nur sehr begrenzt verbal mitteilen. Wir sind also auf die Interpretation ihres Verhaltens angewiesen, die wiederum von den (Liebes-)Konstruktionen des Beobachters bestimmt wird. In diesem Fall führen analytische und systemische Hypothesen im Wesentlichen zum gleichen Ergebnis.

Das Kind speichert wie bereits beschrieben auf Grund früher emotionaler Erfahrungen mit den Eltern angenehme Bindungserfahrungen in seiner neuronalen Architektur ab. Wesentliche Teile des limbischen Systems reifen um das fünfte bis sechste Lebensjahr herum aus, die dort gespeicherten Erfahrungen bleiben über das gesamte Leben hinweg sehr stabil. Das limbische System selbst ist nicht bewusstseinsfähig und so drängt es uns unbewusst dazu, in der Kindheit erfahrene angenehme emotionale Zustände auch im Erwachsenenalter anzustreben und als unangenehm erfahrene Situationen im späteren Leben zu vermeiden.

So lässt sich vielleicht erklären, warum wir die verbindliche Nähe vorzugsweise zu einer einzelnen vertrauten Person anstreben. Wir suchen die emotional sichere Bindung, die uns unabhängig von uns selbst und von den Umständen und Gefahren, in die wir hineingeraten, bedingungslosen Halt gibt. Wenn uns diese Person verlässt, dann reagieren wir mit Angst und Ärger – Reaktionen, wie sie in unzähligen Studien der Bindungsforschung (Grossmann u. Grossmann, 2004) nachgewiesen werden konnten.

Im Kontext erwachsener Partnerschaften wird die Angst vor dem Bindungsverlust als Eifersucht konstruiert. Es ist die Angst des ständig präsenten inneren Kindes, auf einmal allein in der Welt zu stehen. Der Ärger in Zusammenhang mit der Eifersucht ist der Kampf des verzweifelten Kindes um die Wiederherstellung der Sicherheit. Als Reaktion des limbischen Systems schaltet die Eifersucht die später gewonnenen positiven Erfahrungen von Selbständigkeit und gelungener Exploration ab. Bei Schmidbauer hört sich das ähnlich an: »Eifersucht entsteht aus so viel Bindung, dass die geliebte Person auch dann festgehalten wird, wenn die Idealisierung der Beziehung« nicht mehr möglich ist« (2009a, S. 37). Dem analytischen Verständnis entsprechend handelt es sich bei der Eifersucht um eine infantile Objektfixierung.

Wie man es auch betrachtet, der Wunsch nach Treue, nach emotionaler Sicherheit und Beständigkeit hat in erster Linie nichts mit dem richtigen, also dem geliebten Partner zu tun, sondern mit mir selbst, mit meinen im limbischen System abgespeicherten emotionalen Mustern. Da in eine partnerschaftliche Beziehung nicht nur zwei limbische Systeme, sondern auch andere Hirnareale involviert sind, kommen mit dem Erleben von Eifersucht neben den schwer zu kontrollierenden eigenen Gefühlen auch noch andere Verhaltensweisen ins Spiel. Der Wunsch nach Kontrolle und die Suche nach Erklärungen für das Fremdgehen des anderen führen im Rahmen des Liebeskonstrukts leicht in eine Problemtrance. Wir leiten aus der Liebe ein Recht auf den auserwählten Anderen, das gemeinsame Glück mit ihm ab. Dieses Recht fordert ein entsprechendes Kontrollverhalten, wenn

das Glück in Gefahr ist. Andererseits fordert das gängige Liebeskonstrukt auch Vertrauen – eine Sackgasse.

Partnerschaftliche Liebe ist also keine biologische Konstante,
kein aus sich selbst heraus immer wiederkehrendes Naturphäno-
men, sondern sie verändert sich ständig (Luhmann, 2008, S. 25 ff.).
Sie unterliegt gesellschaftlichen Veränderungen, weil sie kein
angeborenes Grundgefühl wie Angst oder Ärger darstellt, und hier
unterscheidet sich die partnerschaftliche Liebe ganz wesentlich
von dem, was Psychologen unter der Liebe zwischen Eltern und
Kindern verstehen und was als Bindung bzw. Fürsorge bezeichnet wird.

Bindung soll wie bereits beschrieben vor allem das Überleben
des hilflosen Kindes in einer Umwelt, auf die es selbst keinen Einfluss hat, sichern. Sie garantiert im Idealfall Schutz, Versorgung
und emotionale Geborgenheit. Weil sich Kinder ihre Eltern bzw.
Bindungspartner nicht aussuchen können, sondern in ein Fami-
liensystem hineingeboren werden, bedarf es eines biologischen
Programms, welches ihnen hilft, im elterlichen Beziehungsgefüge
Anschluss zu finden.

Erwachsene Menschen hingegen suchen sich ihre Partner
selbst aus. Während sie das tun, verfügen sie über eine mehr oder
weniger ausgereifte Großhirnrinde, die ihnen die Möglichkeit
bietet, sprachlich zu kommunizieren, sich selbst und die eigenen
Bedürfnisse zu reflektieren und ihre Handlungen so zu planen,
dass sie eigenverantwortlich über Fortführen oder Beenden der
Beziehung entscheiden können. Sie bedürfen des Schutzes und
der Unterstützung feinfühliger Eltern nicht mehr in dem Maße
wie Kinder. Erwachsene können Entscheidungen treffen und die
Konsequenzen tragen. Sie benötigen kein neurobiologisches Pro-
gramm, welches ihr Überleben mit einer unreifen Großhirnrinde
sichert. Viele erwachsene Menschen können sich auch ohne die
Konstruktion von Liebe in einer Partnerschaft wohlfühlen und
einander Vertrauen schenken.

Diese Form von Zuneigung könnte man wohl mehreren Menschen gegenüber entwickeln, wenn man dies anstreben würde.

Doch hier greifen in der Regel gesellschaftliche Normen. Während die Liebe sich also mit dem auserwählten Partner, dem einzigartigen Glücksgefühl schmückt, wird deutlich, dass unsere Spiegelneuronen, Hormone und Neurotransmitter uns in die Lage versetzen, zu vielen Menschen Nähe aufzubauen und uns in diese einzufühlen. Diese Fähigkeit macht uns in erster Linie zu sozialen Wesen, nicht automatisch zu Liebenden.

Liebe als Suche nach Anschluss?

Wenngleich das Alleinleben durchaus eine befriedigende Lösung sein kann, suchen doch die meisten Menschen nach Anschluss. Über das Eingehen oder das Beenden einer Beziehung entscheidet dabei letztlich immer das gefühlte oder konstruierte Maß an Anschlussfähigkeit – auf körperlicher und geistiger Ebene. Was ist für eine befriedigende Partnerschaft nötig und wann geben sich Paare eine Zukunft?

Körperliche Anschlussfähigkeit:
Sexuelle Kommunikation ohne Liebe?

Es scheint so, als würde die Liebe als Voraussetzung für Sexualität an Bedeutung verlieren. Jugendliche in Deutschland erleben die erste Sexualität heute durchschnittlich im Alter von 15 bis 16 Jahren. Mädchen verfügen zu diesem Zeitpunkt über mehr sexuelle Erfahrungen als Jungen, außerdem geht die Initiative zur sexuellen Begegnung zunehmend mehr von den Mädchen bzw. jungen Frauen aus. Die Liebe spielt dabei immer weniger eine Rolle (vgl. auch Seiffge-Krenke u. Schneider 2012). Nur rund 30 % der Mädchen stimmen heute dem ersten Geschlechtsverkehr aus Liebe zum Partner zu, in den 1960er Jahren waren es noch rund 90 %. Bei Jungen und Mädchen steht der Spaß an der Sexualität im Vordergrund, das zeigen Studien der Bundeszentrale für gesundheitliche Aufklärung (2006).

Das Verhalten von Jugendlichen kann in gewisser Weise als ein Trend angesehen werden. Die Sexualität hat sich in den letzten Jahrzehnten von der Liebe emanzipiert. Um sich körperlich zu entspannen und sich wohlzufühlen, um eine erfüllte Sexualität zu leben, ist nicht mehr unbedingt die seelische Verschmelzung mit dem Partner nötig. Untersuchungen zeigen (zit. nach Fiedler,

2008), dass sich die lange Zeit als Sünde, als gesundheitsschädi-
gend, als unreif deklarierte Masturbation inzwischen von einer
Ersatzbefriedigung zu einer eigenständigen Sexualform entwickelt hat.

Die menschliche Sexualität hält sich nicht mehr an Lehrbücher
oder Katechismen, sie ist vielfältig und steht längst nicht mehr im
Dienst der Fortpflanzung. Die einstige feste Verbindung zwischen
Sexualität, Liebe und Ehe löst sich auf. Das ist eine Realität, eine
andere Realität ist jedoch, dass viele Menschen immer noch an
die Liebe glauben und sich nach einer festen, dauerhaften Paarbeziehung sehnen, die sowohl seelische als auch körperliche Verschmelzung ermöglicht. Dieser Widerspruch sorgt immer wieder
für Spannungen im menschlichen Zusammenleben.

Sexualität ist systemtheoretisch betrachtet in erster Linie eine
Interaktion, eine auf die Befriedigung der Lust oder auf Entspannung abzielende körperliche, überwiegend nonverbale Kommunikation. Eine erfüllte Sexualität erleben die meisten Menschen
dann, wenn das »Gespräch zwischen den Körpern« entspannt
verläuft und es keine Missverständnisse im Miteinander gibt. Für
die Art und Weise, wie das Gespräch zwischen zwei Menschen
bzw. zwischen ihren Körpern abläuft, gibt es kulturelle Richtli-
nien, die einem ständigen Wandel unterworfen sind. Manchmal
trifft man auf jemanden, mit dem man sofort harmoniert, dann
wiederum kommt man mit einem Menschen zusammen, der
vielleicht anziehend wirkt, doch im Bett stellt man fest, dass man
aneinander vorbeiredet. Welch ein Glück, wenn man zu diesem
Zeitpunkt noch nicht beschlossen hat, sich auf ewig miteinander
zu verbinden, denn dann kann man sich einen neuen Partner
suchen, mit dem das Körpergespräch erfüllter und angenehmer
verläuft.

Früher, als auch in unserem Kulturkreis noch die Eltern die
Vermählung ihrer Kinder arrangierten und die voreheliche Sexualität weitestgehend tabu war, war es schon eine Glückssache, den
in dieser Hinsicht passenden Partner zu finden. Außerdem ver-
liefen die sexuellen Interaktionen anders als heute. Verschiedene

soziale Umstände, beispielsweise, dass Ehepaare über keinen eigenen abgetrennten Schlafraum verfügten oder dass es kein elektrisches Licht gab, zwangen die Paare zu anderen sexuellen Kommunikationsstrukturen.

Die sexuelle Aufklärung in den 1960er bis 1970er Jahren veränderte die Art und Weise, wie und mit welchem Ziel intime Interaktionen zu gestalten sind. Vorrangiges Ziel war es nun auch nicht mehr, Kinder zu zeugen oder als Mann möglichst schnell den Höhepunkt zu erreichen, sondern gegenseitiger Genuss. Die sexuelle Gesprächskultur veränderte sich. Zärtlichkeit, Achtsamkeit und das Vorspiel gewannen an Bedeutung. Heute gilt es als Standard, sich für das (Körper-)Gespräch genügend Zeit zu nehmen, auch dem Partner einmal das Wort und hin und wieder recht zu geben. Mann und Frau können ihre Ideen und Vorlieben gleichberechtigt einbringen, die moderne sexuelle Beziehung ist partnerschaftlicher geworden, schon lange gibt es keine strengen Vorschriften mehr, wer welche Rolle im (Ehe-)Bett einzunehmen hat.

Während viele Paare die sexuelle Kommunikation ohne Probleme meistern, haben andere Verständigungsschwierigkeiten. Einigen hilft eine Therapie, um das Gespräch wieder zum Laufen zu bringen. Andere Paare haben aber auch einfach keine Lust mehr, sie reduzieren ihre sexuellen Aktivitäten oder verzichten ganz auf sie. Sie unterhalten sich vielleicht lieber über die Kinder, den nächsten Urlaub oder über ihren Beruf. Sie verbinden andere Themen jenseits des Schlafzimmers. Es muss nicht das Aus für eine Beziehung bedeuten, Liebe und Sexualität voneinander zu entkoppeln.

Viele Paare glauben jedoch, das erfahre ich in meiner Praxis als Paartherapeut öfter, dass ihre Beziehung schlecht ist, wenn ihr Sexualleben eine immer untergeordnetere Rolle spielt oder ganz zum Erliegen kommt. Dass die gefühlte körperliche Anschlussfähigkeit geringer ist, heißt nicht, dass die Wünsche und Bedürfnisse nicht auf einer anderen Ebene miteinander harmonieren. Hier ist vielleicht keine große Anpassungsleistung zu erbringen, die anstrengend und konfliktreich sein kann.

Anschlussfähigkeit auf der Persönlichkeitsebene:
Wann stimmt die Chemie?

Geht es in der Sexualität um eine Kommunikation zwischen zwei oder mehreren Menschen mit dem Ziel, die sexuellen Bedürfnisse der Einzelnen zu befriedigen, so geht es in dem, was viele Paare gern als Liebe beschreiben, wohl eher darum, dass unterschiedliche Persönlichkeiten miteinander ins Gespräch kommen und in Beziehung treten. Dass, was in der Regel als partnerschaftliche Liebe beschrieben wird, lässt sich also als das Erleben von Anschlussfähigkeit auf der Persönlichkeitsebene verstehen.

Während die romantische Liebe das hundertprozentige Zusammenpassen von zwei Menschen mit all seinen bereits beschriebenen Nachteilen konstruiert, erlaubt das Konstrukt von der persönlichen Anschlussfähigkeit mehr Spielraum, mehr Kommunikation und vor allem mehr Diversität. Die romantische Liebe kennt nur Schwarz und Weiß, etwas passt oder passt nicht. Ist diese Liebe nicht da, muss man etwas tun, damit sie wiederkommt, gelingt dies nicht, dann fordert die Liebe, dass man sich erneut auf die Suche nach der Richtigen, nach dem Richtigen begibt.

Eine über meine Institutshomepage im Rahmen dieses Buchprojekts durchgeführte Befragung zum Thema Liebe in der Partnerschaft ergab, dass rund 80 % der Befragten ihre Beziehung beim Fehlen von Liebe recht schnell beenden würden. Davon würden rund 5 % vorher noch das Gespräch mit dem Partner suchen. Würde dies die Liebe nicht in die Beziehung zurückbringen, würden auch sie sich trennen. Nur wenige, nämlich 5 %, würden an ihrer Beziehung arbeiten und sich von Freunden oder Fachleuten beraten lassen. 11 % der Befragten gaben an, erst einmal nur mit dem Partner reden zu wollen, und ließen offen, was sie tun würden, wenn die Gespräche nicht den erwünschten Erfolg haben. Dieses Ergebnis lässt sich aus meiner Sicht generalisieren, auch wenn die Befragung nicht repräsentativ ist. Fehlt die Liebe und bringen Gespräche sie nicht zurück, trennt man sich. Die Liebe, vorzugsweise die romantische Liebe, gibt sich nicht mit halben Sachen zufrieden, sie geht aufs Ganze.

Verschlechtert sich die Beziehung, loten viele ihre Chancen auf dem Beziehungsmarkt aus und stellen sich dort neu auf. Wenn man beispielsweise über viele Jahre tagsüber ins Büro und abends mit dem Partner ins Theater gegangen ist, eine Vernissage oder die Oper besucht hat, wird man zukünftig wahrscheinlich auf diese Gewohnheiten nicht völlig verzichten wollen. Die Erfahrungen zeigen allerdings, dass es auch in neuen Beziehungen innerhalb des bevorzugten sozialen und kulturellen Umfelds wieder hinreichende Unterschiede gibt, an denen die Beziehung scheitern kann. Vielleicht ist doch genau zu bedenken, was man am alten Partner hat?

Das Konzept der persönlichen Anschlussfähigkeit in der Paarbeziehung erlaubt das Sowohl-als-auch. Man könnte trotz geringer Übereinstimmung beieinander bleiben. Es ist weniger rigoros als die Liebe, weil es von vornherein das Wissen um die Unvollkommenheit einer Beziehung einschließt, weil Menschen eben unterschiedlich sind. Es impliziert keine Verschmelzung der Partner und setzt auch keine Seelenverwandtschaft voraus, um ein Paar zu sein. Da, wo zwei Menschen mit unterschiedlichen Persönlichkeiten eng beieinander leben, sind Missverständnisse und Konflikte in der Kommunikation genauso die Regel wie Verständnis und Übereinstimmung.

Die Liebe hingegen romantisiert die Kommunikation und überschätzt ihre Möglichkeiten. So verzichten Menschen, die glauben, sich lieben zu müssen, um ein Paar zu sein, oft auf die Auseinandersetzung und die Darstellung ihrer unterschiedlichen Standpunkte. Man hat Angst, den anderen zu kränken, und verzichtet auf den Konflikt. Ein Paar, das häufig streitet, hat es schwer, sich als Liebespaar zu erleben. Auch die Außenwelt würde wohl kaum auf die Idee kommen, dass die sich häufig Streitenden eine harmonische Ehe führen.

Doch was heißt harmonisch? Die echte Liebe ist dem romantischen Diskurs zufolge langmütig, geduldig und selbstlos. So nimmt man eine Paarberatung mit dem Ziel in Anspruch, dort zu lernen, sich besser zu verstehen. Man will das konstruktive

Streiten lernen. So soll beispielsweise der eine, sonst so emotional Reagierende möglichst sachlich dabei bleiben, während der andere etwas von seinen Gefühlen preisgeben soll. Viel reden soll viel helfen. Dieser Sicht liegt die Annahme zu Grunde, dass Kommunikation ein Austausch von Informationen sei und dass man nur genügend hin und her tauschen müsse, um irgendwann zwei gleich denkende Menschen zu erhalten.

Heute wissen wir, dass menschliche Gehirne keine Informationen, auch nicht über Kommunikation, miteinander austauschen. Menschen und vor allem ihre Gehirne sind, bezogen auf Wahrnehmung und die Bedeutungsgebung von Informationen, geschlossene Systeme. Man kann sich nur kommunikative Reize anbieten, doch wie der andere sie versteht, hängt von seinem inneren System ab. Unterschiedliche Menschen können sich in Kommunikation nicht gegenseitig zielgerichtet beeinflussen oder gar steuern. Menschen sind nicht füreinander bestimmt, sondern sie begegnen sich nur. Das Erleben der Begegnung hängt davon ab, wie hoch der Anschluss auf der Persönlichkeitsebene zwischen zwei autonomen Systemen ist.

Während uns unser Körper recht eindeutige Hinweise hinsichtlich der eigenen sexuellen Gesprächsbereitschaft und der des Partners gibt, sind die Signale bezüglich möglicher Andockstellen im Persönlichkeitssystem unklarer, diffuser. Vermutlich hängt dies auch damit zusammen, dass bei der sexuellen Interaktion andere neuronale Netzwerke miteinander kommunizieren als bei der gemeinsamen Konstruktion von Liebe als Möglichkeit des emotionalen Anschlusses. Bei Ersterer müssen zwei unterschiedliche Stammhirne, bei Letzterer wohl eher zwei limbische Systeme miteinander ins Gespräch kommen.

Nun hängt es sehr davon ab, wie die angebotenen Reize des Partners bewertet werden. Gesucht wird Vertrautes, aber auch Neues, eine gute Mischung weckt Interesse und motiviert die Begegnung. Die Bewertung der Reize ist darüber hinaus abhängig von der Kultur, in der man lebt, die man aber auch durch Teilnahme daran selbst aufrechterhält und konstruiert. Außerdem

kommt es wie beschrieben darauf an, welche emotionalen Erfahrungen im Rahmen frühkindlicher Bindung gemacht wurden.

Wichtig für eine realistische Einschätzung der Beziehung zum
anderen ist auf jeden Fall: Menschen sind unterschiedlich und
diese Unterschiedlichkeit bleibt als wesentlicher Faktor über das
ganze Leben hinweg bestehen (Roth, 2008, S. 88 ff.). Zwar spielen
für die Persönlichkeitsentwicklung natürlich auch noch andere
Faktoren eine Rolle, beispielsweise die Gene oder spätere Erzie-
hungsanreize, doch im Wesentlichen ist die Persönlichkeitsstruktur ab dem frühen Schulalter relativ stabil.

Aus einem eher grundsätzlich ängstlichen oder zurückhal-
tenden Menschen wird auch durch die beste Psychotherapie kein
Draufgänger. Während der eine Mensch auf Grund seiner neuronalen Architektur mehr Nähe braucht und sucht, ängstigt den anderen
vielleicht zu viel Nähe. Es gibt Menschen, die ständig explorieren
müssen, um mit sich im Einklang zu sein, andere sitzen gern zu
Hause und beschäftigen sich mit sich, dem Garten oder ihrem Auto.

Jeder Partner, jede Partnerin weiß nach ein paar Jahren Beziehung: Sie oder ihn kann ich nicht ändern. Leider setzen Paare
diese Erkenntnis häufig nicht um. Sie drängen den anderen zur
Veränderung, die als Liebesbeweis gilt: Wenn du mich liebst, dann
veränderst du dich. Das romantische Liebeskonstrukt fordert die
Anpassung und Ähnlichkeit. Manche Partner trennen sich, wenn
ihnen die Unterschiede zu groß erscheinen. Sie suchen meist
wieder Anschluss und müssen sich nun mit ganz neuen Persönlichkeiten auseinandersetzen.

Wenn es jedoch zwischen den Persönlichkeitssystemen einige
Anschlussmöglichkeiten gibt, dann erleben die Partner ihre Zweisamkeit als angenehm und harmonisch. Das Zusammenleben
fühlt sich leicht an. Anstatt hohe Erwartungen an das Konstrukt
Liebe zu knüpfen, könnte man einfach feststellen, dass die Che-
mie stimmt und sich die Persönlichkeitsstruktur des Partners gut
mit der eigenen verträgt. Bei der Anschlussfähigkeit muss es sich
nicht unbedingt um ein höheres emotionales Prinzip zwischen
Mann und Frau handeln.

Liebe: Vielleicht »nur« Freundschaft?

Zur Beschreibung und Interpretation des Erlebens in Paarbeziehungen wird meist das Konstrukt Liebe verwendet, dessen
verschiedenen Nachteile bereits diskutiert wurden. Retzer (2006,
2010) macht darauf aufmerksam, dass das Freundschaftskonzept
eine geeignete Grundlage wäre, die Paarbeziehung realistischer
und weniger idealisiert zu betrachten, und auch Schmid (2010)
geht auf die Freundschaftsbeziehung ein, die sowohl Bindung als
auch Freiheit ermöglicht. Ein Freundschaftskonzept baut weniger
unerfüllbare Erwartungen in der Beziehung auf. Viele Dimensio-
nen des romantischen Liebeskonstrukts wie Ewigkeit, Vollendung
und Vollkommenheit spielen im Freundschaftskonzept kaum
eine Rolle. Zudem steckt die Fähigkeit zur Freundschaft meines
Erachtens in jedem Menschen, während die Fähigkeit zur Liebe,
so glauben viele Autoren, erst erlernt werden muss.

Es wäre vermutlich ein Gewinn für viele Paare, denen die
Liebe abhanden gekommen ist, sich ihre Beziehung unter freundschaftlichen Gesichtspunkten anzusehen. Freundschaft erlaubt
vieles, was die Liebe nicht erlaubt. Sie ist großzügiger und erwartet keine ständige Wiederholung des innigen Gefühls seelischer
Verschmelzung. Freundschaft wird von der Liebe oft darin unterschieden, dass sie keine Sexualität erlaube, während geglaubt wird,
dass zur partnerschaftlichen Liebe unbedingt Sexualität gehöre.
Beides ist falsch, wie ich bereits angedeutet habe. Erstens gibt
es viele Paare, die ohne oder nur mit wenig Sexualität auskommen und sich dennoch liebend verbunden fühlen, und zweitens
spielt in vielen Freundschaften Sexualität durchaus eine Rolle.
Oft beginnt sogar die Liebe mit einer Freundschaft und nicht
mit dem Verliebtsein.

Im Gegensatz zur Liebe ist die Freundschaft nicht mit unerfüll-
baren Erwartungen überfrachtet. Und wir müssen nicht darauf

warten, dass sie uns zufällt oder dass es unbedingt der Richtige sein muss, mit dem wir den Rest unseres Lebens teilen und vielleicht Kinder bekommen. Sich freundschaftlich verhalten kann jeder, abgesehen von jenen, die eine schwere Persönlichkeitsstörung, beispielsweise auf Grund früher Traumatisierungen, entwickelt haben. Diese Gruppe von Menschen stellt jedoch gesamtgesellschaftlich einen verschwindend geringen Teil dar.

Freundschaft: Ein kinderleichtes Konzept

Die Theoriebildung zu Freundschaften steht verglichen mit der Familien- und Bindungsforschung eher am Anfang und gibt den verschiedensten Hypothesen zu deren Sinn und Zweck Raum. Dass Freundschaften für die persönliche Entwicklung und das psychische Gleichgewicht von Menschen eine große Bedeutung haben, ist unumstritten. Schon Kinderbücher versuchen den Heranwachsenden den unschätzbaren Wert von Freundschaften nahezubringen und die Fähigkeit zu schulen, echte Freundschaften von unechten zu unterscheiden. Janoschs Kinderbuchklassiker »Oh, wie schön ist Panama« (1989) beschreibt in sehr liebevoller und einfühlsamer Weise, wie Freunde sich gegenseitig helfen und einander genügen können. »Wie gut«, sagt der kleine Tiger zum Bären, »wenn man einen Freund hat, der eine Regenhütte bauen kann. Dann braucht man sich vor nichts zu fürchten.« Und umgekehrt sagt der kleine Bär zum Tiger: »Wenn man einen Freund hat, der Pilze finden kann, braucht man sich vor nichts zu fürchten« (S. 27). Letztlich endet die Reise der beiden dort, wo sie angefangen hat, zu Hause, bei Freunden (Janosch, 1989).

Ohne Freunde, das wissen schon Kinder, ist man in der Welt außerhalb der Familie auf sich allein gestellt und nicht selten einsam. Ein Gang über den Schulhof ohne Freund kann manchmal sogar sehr gefährlich werden. Frühe Erfahrungen lehren uns, den Wert von Freundschaften zu schätzen und ein Gespür dafür zu entwickeln, auf wen man sich tatsächlich verlassen kann. Uhlendorff (1995) untersuchte in verschiedenen

Studien Freundschaftskonzepte und die Wirkung von Freundschaft und Kameradschaft auf die Persönlichkeitsentwicklung
und die soziale Integration. Die Ergebnisse bestätigen unsere
allgemeine Lebenserfahrung: Kinder, die Freunde haben, zeigen
sich selbstbewusster, werden in der Gruppe eher akzeptiert und
verfügen über ausgeprägte soziale Kompetenzen. Freunde verhandeln auf gleicher Augenhöhe, das bedeutet, dass jeder die
gleiche Ausgangsposition im Miteinander hat, familiäre oder
statusbedingte Vorteile fallen weg. Dies gilt natürlich nur so
lange, wie Eltern sich nicht einmischen.

Bereits das Krabbelkind hat Interesse an Gleichaltrigen und
wird ihm von den Eltern ein anderes Kind auf die Decke gesetzt,
probiert es aus, wie dieses auf das eigene Verhalten reagiert. Man
kann es berühren, anschreien oder ihm ein Spielzeug wegneh-
men. Diese ersten Interaktionen haben noch wenig mit gezielter
Suche nach einem geeigneten Freund zu tun. Doch schon im
Kindergartenalter werden die Kinder wählerisch. Man will nicht
mehr neben jedem sitzen und bevorzugt zeitweise die Nähe ganz
bestimmter Kinder. Mit Beginn des gemeinsamen Spiels entwickeln sich erste freundschaftliche Interaktionen zu einzelnen
Spielkameraden. Erste Persönlichkeitsmerkmale differenzieren
sich aus und die geteilte Leidenschaft für bestimmte Spielmate-
rialien oder der gemeinsame Wunsch, ausgelassen herumzutollen,
wirken anziehend. Ändern sich die Spielgewohnheiten und Vorlieben, werden andere Kinder wieder interessant.

Vor allem im frühen Kindergartenalter zeigen sich Kinder
noch flexibel in der Freundschaftsgestaltung. Kameradschaftli-
che Beziehungen sind noch zeitlich begrenzt und fokussieren in
erster Linie auf die Möglichkeit des gemeinsamen Spiels. Dabei
gehören Auseinandersetzungen und Spielen eng zusammen. Im
oft chaotischen Hin und Her zwischen »meins« und »deins« und
der Klärung der Frage, wer angefangen hat mit Streiten, lernen
Kinder vor allem, wie man Kontakt zueinander aufbaut und sich
voneinander abgrenzt. Diese sozialen Kompetenzen werden später
auch in der Paarbeziehung genutzt.

Gegen Ende des Kindergartenalters gewinnen ähnliche Persönlichkeitsmerkmale über die gemeinsamen Spielvorlieben hinaus zunehmend an Bedeutung für die Freundschaftsbildung. Kinder mit ähnlichen Charakteren fühlen sich stärker voneinander angezogen. Im Grundschulalter suchen Kinder ihre Freunde vor allem unter dem Aspekt der Ähnlichkeit aus. Ein erstes Konzept von Freundschaft wird entworfen. Es wächst mit den Erfahrungen im gemeinsamen Spiel sowie in der Übereinstimmung von Ansichten und Haltungen. Füreinander da sein bedeutet, miteinander Zeit zu verbringen. Es bedeutet aber auch schon, sich in der Gruppe oder Klasse gegenseitig zu unterstützen, sich beispielsweise gegenseitig einen bevorzugten Platz freizuhalten oder sich gemeinsam gegen einen unliebsamen Angeber zur Wehr zu setzen.

Jenseits der Grundschule, etwa ab dem zehnten Lebensjahr, entwickeln sich erste stabile Freundschaften. Das Freundschaftskonzept erweitert sich um wesentliche Aspekte. Freunde beschützen sich gegenseitig. Die Freundschaft nimmt an Dauer und an emotionaler Tiefe zu. Mit der Pubertät steigt der Wert einer Freundschaft auffallend. Sie gewinnt an Bedeutung, weil sie die sukzessive Ablösung vom Elternhaus mit einhergehender größerer Selbstständigkeit ermöglicht. Freundschaften wirken in dieser Phase grundlegend auf die Persönlichkeitsbildung.

Zum Freundschaftskonzept gehört es nun auch, bei auftretenden Spannungen und Konflikten nach Lösungen zu suchen. Die Freundschaft wird nicht bei kleinen Streitigkeiten beendet, Freunde erkennen sich gegenseitig als Unterstützer und Förderer der eigenen Identität an. Freundschaftliche Beziehungen, die in dieser Zeit entstehen und länger anhalten, gewinnen autobiografischen Wert, werden ein Teil von uns und binden uns nicht selten zeit unseres Lebens an diesen Freund. Unterschiedliche geschlechtliche Freundschaften erlauben auch körperliche Nähe und sexuelle Erkundungen. Gelingt es, die Sexualität in das Freundschaftskonzept zu integrieren und nicht auf die noch folgende große Liebe zu setzen, dann gehen solche Freundschaften auch in Paarbeziehungen über.

Allgemein werden von Sozialpsychologen für die Bildung freundschaftlicher Präferenzen vor allem zwei Faktoren verantwortlich gemacht: zum einen die physische Nähe und zum anderen die Ähnlichkeit, die die Bildung von Freundschaften unterstützen (Buunk, 1996). Untersuchungen haben gezeigt, dass bereits das bloße Zusammensein zwischenmenschliche Anziehung fördert. Umso ähnlicher sich Menschen in ihrem Verhalten, Charakter oder Einstellungen sind, umso stärker wirken sie aufeinander. Menschen, die sich ähnlich sind, bestätigen sich gegenseitig in ihrem Tun und Denken. Um sozialen Anschluss zu finden, ist weniger Anpassungsleistung notwendig. Das ähnliche Gegenüber bestätigt das Selbstbild und stabilisiert es. Dieser Aspekt festigt die Identität und unterstützt die Persönlichkeitsbildung. Solche sich gegenseitig stärkend wirkenden Interaktionen führen zu Freundschaften.

Letztlich passiert wohl beim Kennenlernen nichts anderes als eine ineinandergreifende Kommunikation, die den anderen in seinen Absichten und Erwartungen bestätigt. Wird sie als Sich-verlieben beschrieben, hat das natürlich Konsequenzen. Man möchte sich unbedingt wiedersehen und die nächste Begegnung wird zwangsläufig mit Erwartungen aufgeladen. Interpretiere ich diesen Vorgang als Freundschaft, kann ich viel entspannter in die nächste Begegnung gehen und sehen, was sich entwickelt, ohne mich nur auf mögliche Liebesbeweise zu konzentrieren.

Was macht freundschaftliche Beziehungen erfolgreich?

Was uns nachdenklich stimmen sollte, ist die Tatsache, dass sehr viele Freundschaften länger andauern als Ehen oder Paarbeziehungen. Manche Freundschaften überdauern sogar mehrere Liebesbeziehungen. Ehepartner und Partner kommen und gehen, die Freundin oder der Freund aber bleibt. Warum sind freundschaftliche Beziehungen so stabil? Was ist ihr Erfolgskonzept? Die freundschaftliche Beziehung wird in ihrer Bedeutung unterschätzt und ist nur selten Gegenstand von Studien und

Forschungen. Dabei ist sie in der Regel leichter herzustellen als eine Liebesbeziehung oder gar eine Ehe. Viele Singles sehnen sich jahrelang nach einer Liebesbeziehung und finden sie nicht, sind aber in verschiedenen sozialen Kontexten mit vielen Freunden unterwegs. Einige Singles glauben, sie seien beziehungsunfähig, doch in den meisten mir bekannten Fällen sind die Ansprüche der Unglücklichen zu hoch. Sie jagen der Erfindung Liebe nach, die man – besonders in singlereichen europäischen Großstädten – lange suchen kann.

Viele wollen sich verlieben und stellen ihre vernünftigen Vorstellungen manchmal hinter einem diffusen Gefühl, welches sie gern Liebe nennen wollen, zurück. Doch viele erkennen auch, dass Single sein zwar heißt, ohne partnerschaftliche Liebe zu leben und vielleicht auch keinen Nachwuchs zu bekommen, dies aber nicht bedeutet, ohne Freundschaften und sexuelle Interaktionen zu leben. Als Single muss man nicht zwangsläufig einsam und unglücklich sein, wie viele Geschichten der Journalistin Sibylle Sterzik (2006), die selbst Single ist und Singles befragt hat, zeigen. In der Singlekultur wird ein neuer Beziehungstyp offenbar, Freundschaft gewinnt einen neuen Stellenwert. In Ermangelung eines Idealpartners greift man gern auf Freunde zurück und dies hat sogar Vorteile.

Einige Regeln der Freundschaft

Jede Freundschaft ist irgendwie anders, doch wenn man sich erlaubt, etwas zu generalisieren, erkennt man, dass die freundschaftliche Beziehung durch verschiedene Regeln stabilisiert wird. Die Regeln bzw. deren gegenseitige Einhaltung schaffen ein vertrautes Beziehungssystem, das sich nach außen zeitweise abgrenzt und anderen den Zugang verwehrt. So entsteht in der Freundschaft Intimität und Vertrauen. Eine der wichtigsten Regeln ist, dass sich Freunde gegenseitig sehr persönliche Dinge anvertrauen. Das sind nicht selten auch Erfahrungen aus dem Lebenszusammenhang der eigenen Partnerschaft und Familie. Der Freund nimmt dabei in der Regel die Stellung eines verstehenden Beraters ein. Das heißt, er steht auf der Seite seines Freundes und ist in seiner Argumentation in erster Linie ihm gegenüber loyal. Vertrauen spielt eine große Rolle, oft wissen Freunde Dinge, die der Liebespartner nicht weiß.

Eine weitere, die Freundschaft stabilisierende Regel ist die gegenseitige Akzeptanz und der Respekt vor anderen Freundschaften und Beziehungen, die der Freund außerdem hat. Ein guter Freund weiß, dass er im Leben das anderen nicht unbedingt die Hauptrolle spielt, und er akzeptiert, dass sich der Freund auch an andere Menschen wendet, um sich in bestimmten Belangen Unterstützung zu holen. Ein Freund lebt mit dem Wissen, dass der jeweils andere sich auch in anderen sozialen Kontexten bewegt, wo er Anerkennung erhält und Entwicklung erfährt. Im Gegensatz zu Liebe, die ständige körperliche und emotionale Präsenz fordert, erlaubt die Freundschaft weitere Beziehungen, ohne die eigene mit anderen zu vergleichen. So kommt keine Eifersucht, kein Besitzanspruch auf. Der Freund weiß, dass er wichtig für den anderen ist, und dass er sich auf den anderen verlassen kann, wenn es darauf ankommt.

In lang andauernden Freundschaften, in denen sich die Freunde gegenseitig über verschiedene Lebenskrisen hinweggeholfen haben, entwickelt sich nicht selten ein ganz spezifisches Kommunikationssystem, eine Sprache, die sich aus einer eigenen Erfahrungswelt speist und die Außenstehende nur schwer verstehen. Durch gemeinsam geteilte Geheimnisse hebt sich eine Freundschaft von anderen ab und schafft eine besondere Beziehung. Die meisten Freundschaften haben deshalb länger Bestand als die Ehen bzw. die partnerschaftlichen Beziehungen der Freunde selbst, weil sie keine körperliche und emotionale Ausschließlichkeit und Treue fordern. Freundschaft ist verbindlich und flexibel zugleich.

Ein weiterer Vorteil einer Freundschaft ist, dass sie keine regelmäßige und vor allem unbedingt erfüllte Sexualität miteinander erfordert. So entsteht kein Druck, wenngleich in Freundschaften meines Erachtens gemeinsame Sexualität nicht ausgeschlossen

ist, wenn große emotionale und soziale Nähe herrscht. Gibt es
Streit oder Auseinandersetzungen, können sich Freunde leichter
eine gewisse Zeit lang aus dem Weg gehen, ohne ein schlechtes
Gewissen zu haben. Was bleibt, ist die Gewissheit, dass man sich
wiedersehen wird, dass eine Freundschaft Anlässe bietet, sich
wieder zu begegnen. Feiern oder gemeinsame andere Freunde
bieten Interaktionsmöglichkeiten, die es erlauben, das Interesse
füreinander immer wieder zu prüfen.

Ist Freundschaft die bessere Paarbeziehung?

Die Vorteile der Freundschaft gegenüber der Konstruktion von
Liebe in der Paarbeziehung liegen auf der Hand. Freundschaft bietet jedem seinen Freiraum, sie schraubt die Erwartungen hinsichtlich körperlicher und emotionaler Präsenz, Treue und Zuneigung
nicht in unerreichbare Höhe. Sie fordert kein unbedingtes Glück
in Zusammenhang mit nur einer Person. Eine Freundschaft bietet
seelische Unterstützung, die Möglichkeit, sich bei tatsächlichem
Bedarf gegenseitig zu beraten. Während der Liebespartner in der
Beratung des anderen meist auch seine eigenen Interessen bzw.
die der Paarbeziehung im Blick hat, kann ein Freund selbstloser
helfen.

Ich denke, man kann Freundschaft auch leben, wenn man
zusammen unter einem Dach wohnt und gemeinsam für die
Erziehung und Entwicklung von Kindern verantwortlich ist. Das
Risiko, dass die Paarbeziehung an nicht erfüllbaren Erwartungen
zerbricht, ist bei der Freundschaftskonstruktion geringer. Eine
Freundschaft schließt auch Gefühle füreinander nicht aus, sie
werden von Ärger bis zu Zuneigung reichen.

Ein Nachteil des geläufigen Freundschaftskonzepts ist wie
bereits erwähnt, dass es sexuelle Interaktionen miteinander eher
ausschließt. Freunde haben in der Regel keinen Sex miteinander,
denn ihr Ziel ist nicht in erster Linie, Kinder zu bekommen. Dieser Zugang ist eventuell darauf zurückzuführen, dass wir erste
Freundschaftsvorstellungen bereits vor unserer sexuellen Reife
entwickeln. Traditionell erlauben wir uns bislang, nur in der Ehe

oder in eheähnlichen Paarbeziehungen sexuelle Interaktionen zu suchen und zu praktizieren. Doch ich kann mir vorstellen, dass Freundschaftsbeziehungen hier nachziehen werden.

Gesellschaftlich und kulturell betrachtet hat sich die Paarbeziehung in einem ersten Schritt bereits vom Muss der Ehe befreit. Die meisten Menschen gehen im Laufe des Lebens mehrere Partnerschaften ein, ohne dabei Schuld zu empfinden. In einem zweiten Schritt könnte man sich vom Muss der Liebe in der Paarbeziehung verabschieden und sie selbst mehr und mehr als freundschaftliche Beziehung konstruieren. Freundschaftliche Paarbeziehungen mit sexuellen Interaktionen entsprechen eher den Erfordernissen der modernen Industrie- und Dienstleistungsgesellschaft, in der alles viel stärker in Bewegung ist als noch vor fünfzig Jahren. Während die romantische Liebe früher oder später an ihren Erwartungen zu zerbrechen droht, könnte die Freundschaft das partnerschaftliche Beziehungskonzept der Zukunft sein.

Die Paarbeziehung ergänzende Freundschaften

Die Freundschaft als eine die heterosexuelle Partnerschaft ergänzende Beziehung hat sich bereits in vielerlei Hinsicht bewährt. Doch handelt es sich dabei fast ausschließlich um gleichgeschlechtliche Freundschaften. Außerdem sind sie stärker auf Freizeitgestaltung ausgerichtet. So gehen Männer beispielsweise zusammen angeln und Frauen wandern gemeinsam durch den Wald.

Freundschaften außerhalb von Paarbeziehungen zum jeweiligen anderen Geschlecht sind seltener, und wenn sie vorkommen, dann wohl größtenteils ohne sexuelle Komponente. Viele dieser Freundschaften existierten bereits vor der aktuellen Paarbeziehung und werden deshalb auch meist vom Partner akzeptiert. Sie werden von Beginn an in das Partnerschaftskonzept integriert und führen zur Entwicklung gemeinsamer Absprachen und Regeln hinsichtlich der Gestaltung und Intensität der Freundschaft. Werden diese Vereinbarungen eingehalten, dann kann eine eifersuchtsfreie, die Paarbeziehung ergänzende und flankierende Freundschaft außerhalb gelebt werden.

Schwieriger wird es meiner Ansicht nach, wenn die Freundschaft während einer Partnerschaft entsteht und die Paarbeziehung zu dieser Zeit als unbefriedigend erlebt wird. Eifersucht und Konkurrenzgefühle sind dann wahrscheinlicher. Die Angst, den Partner oder einen Teil des Partners an einen Freund, eine Freundin zu verlieren und damit an emotionaler und sozialer Sicherheit, verringert die Bereitschaft, eine solche Freundschaft des anderen zu akzeptieren. Eine gleichgeschlechtliche Freundschaft wird in einer heterosexuellen Partnerschaft als weniger bedrohlich erlebt. Bei einer Freundschaft zum anderen Geschlecht schwebt der Verdacht der sexuellen Untreue oft im Raum.

Kommt es in der Freundschaft tatsächlich zu einer sexuellen Interaktion und wird diese dem Partner offenbart, wird er dies in den meisten Fällen als Zeichen des drohenden Verlusts interpretieren. Bei vielen ist die Verlustangst sehr groß und sie reagieren meist emotional sehr heftig, oft mit dem Ergebnis, dass der andere Partner sich noch mehr ab- und dem Freund, der Freundin zuwendet. Er deutet die Verlustangst und die mit ihr verbundenen emotionalen Reaktionen häufig als Eifersucht.

Eine bessere Zeit, eine andersgeschlechtliche Freundschaft in die Paarbeziehung zu integrieren, ist eine Phase mit hoher Partnerschaftszufriedenheit. In einer solchen Phase lassen sich die Verlustängste leichter regulieren und man kann eine die Paarbeziehung begleitende Freundschaft aushandeln.

Eine vermutlich noch recht seltene Form der partnerschaftsergänzenden Freundschaft ist die von beiden Partnern zum Zweck der sexuellen Interaktion geknüpfte Beziehung zu einem anderen Paar. Im Mittelpunkt steht dabei das Anliegen des Partnertausches. Wenn sich die Beteiligten gut kennen und sich ihr Interesse auf den sexuellen Kontakt beschränkt, sollten die Paare den Verlust der emotionalen und sozialen Sicherheit, den die eigene Partnerschaft verbürgt, weniger fürchten. So können sich durchaus eifersuchtsfreie und längerfristige Freundschaften zwischen Paaren entwickeln, die ihren Urlaub gemeinsam verbringen oder sich regelmäßig an Wochenenden treffen.

Die Kultur des spontanen Partnertauschs wird in sogenannten Swingerklubs gepflegt. Ziel ist weniger die Freundschaft, sondern ausschließlich das sexuelle Erlebnis mit einem anderen Partner bzw. einer anderen Partnerin. Die Sicherheit, die eine feste Partnerschaft im Lebensalltag bietet, ist bei ergänzender Sexualität außerhalb der Paarbeziehung nicht unbedingt gefährdet. Mit diesem Modell kann das Paar neue Impulse für sein Sexualleben mit gemeinsamer Freizeitgestaltung verbinden. Ob mit oder ohne sexuelle Interaktionen, die Freundschaft als eine die Partnerschaft ergänzende Beziehung ist vielfältig und als solche normal. Sie stabilisiert die Paarbeziehung einerseits und die Identitätskonstruktionen der einzelnen Partner andererseits.

Zusammenfassend lässt sich Folgendes festhalten: Die sich stark verändernden gesellschaftlichen Bedingungen seit Mitte des letzten Jahrhunderts und die weiter steigende Lebenserwartung hat den traditionellen Liebescode ins Wanken gebracht und lässt die Liebe und die mit ihr aufgewertete Sexualität nach Jahren einer intimen, emotionalen Beziehung mit nur einem Partner oft abgenutzt erscheinen. Trennungen und Scheidungen haben in den letzten Jahrzehnten über die Maßen zugenommen. Sind dies die Folgen eines überholten Verständnisses von Liebe?

Wir können, wie wir gesehen haben, nicht davon ausgehen, dass die Liebe ein genetisch determiniertes Grundgefühl ist. Angeboren ist vielleicht der Wunsch nach Sexualität und Bindung für die Zeit der Familiengründung, weil es ohne Zweifel einfacher ist, Kinder zu zweit aufzuziehen und zu versorgen. Dafür ist die partnerschaftliche Liebe jedoch nicht unbedingt notwendig. Der Wunsch nach verlässlicher, vertrauter Beziehung und gegenseitiger Seelsorge bis ins hohe Alter lässt sich ohne romantisches Liebeskonstrukt verwirklichen. Als Alternative steht die Freundschaft zur Verfügung, die sowohl emotionale und körperliche Nähe als auch gegenseitige soziale Unterstützung ermöglicht. Freundschaften sind qualitativ nicht minderwertiger als Liebesbeziehungen.

Im Gegenteil, diese Beziehungsform macht die Dauer und Qualität des Zusammenlebens nicht vom Vorhandensein von Liebe, was auch immer das ist, abhängig.

Fazit: Vollkommene Freundschaft oder unvollkommene Liebe?

Wenn die Liebe nur ein gesellschaftliches, partnerschaftliches Produkt von Kommunikation (Luhmann, 1999, 2008) ist, es auch keine eindeutigen neurobiologischen Muster für eine solche über Jahre andauernde romantische Emotion gibt, und Freundschaft eine in Erwägung zu ziehende Option ist, welche Konsequenzen hat dies dann für Paare und für die Paartherapie? Wenn es zwar hin und wieder sexuelle Glanzpunkte, aber keine andauernde Liebe in der Partnerschaft gibt, dann müssten die Partner ihr auch nicht mehr nachjagen. Sie könnten stattdessen ganz entspannt das genießen, was vorhanden ist: Sympathie, Freundschaft, gemeinsame Hobbys oder gegenseitige Unterstützung bei der Bewältigung eines ohnehin manchmal nicht leichten Lebens. Wer nicht mehr sucht, kommt vielleicht viel eher im Hier und Jetzt an und lernt, den Partner oder die Partnerin so zu nehmen, wie er oder sie ist.

Leider definieren die meisten Menschen ihr Glück nicht über das, was sie haben oder sind, sondern über das, was sie nicht haben oder nicht sind. Es ist der Vergleich mit dem, was andere besitzen oder darstellen, der uns zufrieden bzw. unzufrieden macht. Was hat es für einen Sinn, wenn die Liebe das sucht, was man selbst nicht hat oder nie bekommen wird?

Jugendliche verlieben sich in ihre Stars, besuchen deren Facebook-Seiten und Konzerte, um ihren Idolen näher zu sein. Manche Frauen schwärmen vielleicht für Johnny Depp und einige Männer träumen von Scarlett Johansson. Welche emotionalen Energien werden da verschwendet! Die Realität bringt nur äußerst selten das ganz große erträumte Glück hervor. Wenn uns das wahre Leben zur Wollsocken tragenden Bürokauffrau Heike von nebenan oder zum eher kahlköpfigen IT-Spezialisten Thomas führt, ist eine beträchtliche Imaginationsleistung nötig, um in der bzw. in dem anderen Tag für Tag, Nacht für Nacht die Auserwählte, den Helden zu erkennen, aber sie lohnt sich in den meisten Fällen.

Die romantische Liebe verspricht Vollkommenheit und eine hohe Passgenauigkeit des Partners hinsichtlich der eigenen Wünsche und Sehnsüchte. Wie wir gesehen haben, passen Paare jedoch nie hundertprozentig zueinander – und das ist auch nicht nötig. Es gibt Tage und Situationen, da scheint der andere keine zwanzig Prozent zu passen. Es ist zugegebenermaßen schwierig, seinem Partner auf die Frage: »Liebst du mich?« zu antworten: »Ja, zu fünfzig Prozent.« »Manchmal.« »Mal weniger, mal mehr.« »Jetzt gerade nicht, vielleicht nächste Woche wieder.« Aber ist es nicht ehrlich, es vielleicht so zu versuchen?: »Ich kann nicht sagen, ob ich dich liebe. Ich weiß nicht, was Liebe ist. Du bist mir begegnet, da habe ich dich als meinen Lebensabschnittsgefährten und Vater meiner Kinder gewählt und es klappt über weite Strecken ganz gut mit dir.«

Freundschaft erlaubt uns im Gegensatz zur Liebe eher, die grundlegenden Bestandteile zu nutzen und zu würdigen, die in einer Beziehung ineinandergreifen. Die Liebe dagegen gibt sich damit, wie wir gesehen haben, meist nicht zufrieden, sie fordert alles: Harmonie, Treue, Gleichberechtigung, Dauer, sexuelle Lust, emotionales Verstehen und Umsorgen. Sie soll ein Garant für die fortwährende Entwicklung des Partners, für persönliche Reife, Verlässlichkeit, soziale Sicherheit, Vertrauen und Zukunft sein. Das ist einfach zu viel für nur eine Beziehung, selbst wenn es sich um eine Liebesbeziehung handelt. Hier ist eine Freundschaft gefragt, die andere Freundschaften erlaubt. Würden wir so etwas wie Liebe nicht konstruieren, könnten wir viel ehrlicher zueinander sein und uns mit dem begnügen, was wir haben. Wir müssten die eigene Partnerschaft nicht mit der anderen, angeblich perfekten Liebe vergleichen. Denn das ist der Nachteil von Transzendenz: Wir haben das Vollkommene vor Augen und werden es im täglichen Leben nicht erreichen. Würdigen wir deshalb das Unvollkommene!

Literatur

Allendorf, M. (1982). Die Frau im Sozialismus – ein Weg ohnegleichen. In
    H. Gemkow, M. Börner, E. Freyer, H. Hörz, H. Hümmler, H. Meixner,
    S. Müller, E. Prager (Hrsg.), Der Sozialismus, deine Welt (8. bearb.
    Aufl., S. 261–265). Berlin: Verlag Neues Leben.
Ballhaus, A. (2009). Liebe und Sex im Mittelalter. Bergisch Gladbach:
    Lübbe Verlag.
Bauer, J. (2007). Das Gedächtnis des Körpers. Wie Beziehungen und Le-
    bensstile unsere Gene steuern (11. Aufl.). München: Piper.
Bierhoff, H.-W., Grau, I., Ludwig, A. (1993). Marburger Einstellungs-In-
    ventar für Liebesstile (MEIL). Göttingen: Hogrefe.
Bierhoff, H.-W. (2002). Spielarten der Liebe. Gehirn & Geist. Magazin für
    Psychologie und Hirnforschung, 3, 42–47.
Bloom, P. (2011). Sex und Kunst und Schokolade. Warum wir mögen, was
    wir mögen. Heidelberg: Spektrum Akademischer Verlag.
Bornkamm, G. (1980). Paulus (2. Aufl.). Berlin: Evangelische Verlagsanstalt.
Bowlby, J. (1991). Ethologisches Licht auf psychoanalytische Probleme. In
    K. Grossmann, K. E. Grossmann (Hrsg.) (2003), Bindung und mensch-
    liche Entwicklung. John Bowlby, Mary Ainsworth und die Grundlagen
    der Bindungstheorie. Stuttgart: Klett-Cotta.
Bowlby, J. (2001). Das Glück und die Trauer. Herstellung und Lösung
    affektiver Bindungen (2. Aufl.). Stuttgart: Klett-Cotta.
Brand, U.-J., Daniel, E., Degen, R., Jung, B., Ruzas, S. (2011). So liebt
    Deutschland. Focus, Nr. 07/11, 86–93.
Brückner, H. (1976). Denkst du schon an Liebe? Berlin: Kinderbuchverlag.
Bundeszentrale für gesundheitliche Aufklärung (2006). Aufregende Jahre.
    Jules Tagebuch. Köln: BZgA.
Buunk, B. (1996). Affiliation, zwischenmenschliche Anziehung und enge
    Bindung. In W. Stroebe, M. Hewstone, G. H. Stephenson (Hrsg.), So-
    zialpsychologie. Eine Einführung (S. 363–394). Berlin: Springer.
Coulter, A. (1969). Die Hippies. Revolution im Namen der Liebe: Analyse
    einer weltweiten Protestbewegung. München: Heyne Verlag.
Doernberg, S. (1966). Die Deutsche Demokratische Republik – die Zu-
    kunft der deutschen Nation. In A. Kosing, R. Dörge, D. Wattenberg,
    H. Mielke, R. Jubelt, J. Segal, K. Senglaub, W. Padberg, R. Schmiedt,
    H. Scheel, A. Reisberg, I. Berthold (Hrsg.), Weltall, Erde, Mensch. Ein
    Sammelwerk zur Entwicklungsgeschichte von Natur und Gesellschaft
    (14. völlig neu gefasste Aufl., S. 353–379). Berlin: Verlag Neues Leben.
Eberhart, S. (2012). Weniger ist mehr. Gehirn & Geist. Magazin für Psy-
    chologie und Hirnforschung, 5, 38–43.
Engstler, H. (1997). Die Familie im Spiegel der amtlichen Statistik. Lebens-
    formen, Familienstrukturen, wirtschaftliche Situation der Familien
    und familiendemographische Entwicklung in Deutschland. Bonn:

Bundesministerium für Familie, Senioren, Frauen und Jugend in Zusammenarbeit mit dem Statistischen Bundesamt.

Fascher, E. (1984). Der erste Brief des Paulus an die Korinther. 7/1 Theologischer Handkommentar zum neuen Testament (3. Aufl.). Berlin: Evangelische Verlagsanstalt.

Fiedler, P. (2008). Asexuelle. Warum uns in einer Welt ohne Tabus die Lust vergeht. Gehirn & Geist. Magazin für Psychologie und Hirnforschung, 4, 47–55.

Freud, S. (1972). Abriss der Psychoanalyse. Das Unbehagen in der Kultur. Frankfurt a. M.: Fischer Taschenbuchverlag.

Freud, S. (1989). Sigmund Freud. Essays I, Auswahl 1890–1914. Beiträge zur Psychologie des Liebeslebens 1912 (2. Aufl., S. 303–317). Hrsg. von D. Simon. Berlin: Verlag Volk und Welt.

Fritzsche, H. (1983). Freiheit und Verantwortung in Liebe und Ehe. Zur Theologie der Partnerbeziehung. Berlin: Evangelische Verlagsanstalt.

Fromm, E. (1979). Sigmund Freuds Psychoanalyse – Größe und Grenzen. Stuttgart: Deutsche Verlags-Anstalt.

Fromm, E. (1983). Haben oder Sein. Die seelischen Grundlagen einer neuen Gesellschaft (13. Aufl.). München: dtv.

Fromm, E. (1984). Die Seele des Menschen. Ihre Fähigkeit zum Guten und zum Bösen. Frankfurt a. M.: Ullstein.

Fromm, E. (1985a). Die Furcht vor der Freiheit. Frankfurt a. M.: Ullstein.

Fromm, E. (1985b). Psychoanalyse und Religion. Stuttgart: dtv.

Fromm, E. (1986). Die Kunst des Liebens. Frankfurt a. M.: Ullstein.

Grossmann, K., Grossmann, K. E. (2004). Bindungen. Das Gefüge psychischer Sicherheit. Stuttgart: Klett-Cotta.

Hardach, G. (2010). Internationale Arbeitsteilung. In R. Sieder, E. Langthaler (Hrsg.), Globalgeschichte 1800–2010. Wien u. a.: Böhlau Verlag.

Heine, H. (2002). Liebesgedichte. Frankfurt a. M.: Insel Verlag.

Hüther, G. (2010). Die Evolution der Liebe. Was Darwin bereits ahnte und die Darwinisten nicht wahrhaben wollten (6. Aufl.). Göttingen: Vandenhoeck & Ruprecht.

Illouz, E. (2007). Der Konsum der Romantik. Liebe und die kulturellen Widersprüche des Kapitalismus. Frankfurt a. M.: Suhrkamp Taschenbuchverlag.

Illouz, E., Frevert, U. (2012). Alles eine Frage des Gefühls. Ein Gespräch mit der Historikerin Ute Frevert und der Soziologin Eva Illouz. Die Zeit, 37, 55.

Irmscher, J. (Hrsg.) (1978). Lexikon der Antike (3. Aufl.). Leipzig: Bibliographisches Institut.

Janosch (1989). Das kleine Panama-Album. Weinheim: Beltz.

Jürß, F. (1988). Vom Mythos der alten Griechen. Deutungen und Erzählungen. Leipzig: Reclam.

Kant, I. (2011). Kritik der praktischen Vernunft. Köln: Anaconda Verlag.

Kneer, G., Nassehi, A. (2000). Niklas Luhmanns Theorie sozialer Systeme (4. Aufl.). München: Wilhelm Fink Verlag.

Kolle, O. (1968). Das Wunder der Liebe. Gütersloh: Reinhard Mohn.

Kriz, J. (1994). Grundkonzepte der Psychotherapie. Eine Einführung (4. Aufl.). Weinheim: Psychologie Verlags Union.

Kupisch, K. (1984). Kirchengeschichte II. Mittelalter (2. Aufl.). Stuttgart: Kohlhammer.

Lauster, P. (1992). Die Liebe. Psychologie eines Phänomens. Reinbek: Rowohlt.

Lauster, P. (1994). Geheimnis der Liebe (2. Aufl.). Düsseldorf: Econ-Verlag.

Levold, T. (2003). Familie zwischen Heimstatt und Cyberspace. Die Veränderung von Familienkonstrukten im Spiegel ihrer Metaphern. Kontext, 34 (3), 237–254.

Lorenz, D. (Hrsg.) (1978). Martin Luther. Vom ehelichen Leben und andere Schriften über die Ehe. Stuttgart: Reclam.

Luhmann, N. (1984). Soziale Systeme. Grundriß einer allgemeinen Theorie. Frankfurt a. M.: Suhrkamp.

Luhmann, N. (1999). Liebe als Passion. Zur Codierung von Intimität (5. Aufl.). Frankfurt a. M.: Suhrkamp.

Luhmann, N. (2008). Liebe. Eine Übung. Frankfurt a. M.: Suhrkamp.

Maaz, H.-J. (1992). Der Gefühlsstau. Ein Psychogramm der DDR. München: Knaur.

Markus, G. (1996). Sigmund Freud und das Geheimnis der Seele. Die Biographie. Augsburg: Weltbild.

Maturana, H. (1997). Was ist erkennen? (2. Aufl.). München: Piper.

Mayer, H. (1982). Martin Luther. Leben und Glaube. Gütersloh: Gütersloher Verlagshaus Gerd Mohn.

Misgeld, G. (1982). Freundschaft und Liebe. In H. Gemkow, M. Börner, E. Freyer, H. Hörz, H. Hümmler, H. Meixner, S. Müller, E. Prager (Hrsg.), Der Sozialismus, deine Welt (8. Aufl., S. 461–470). Berlin: Verlag Neues Leben.

Natho, F. (2007). Bindung und Trennung. Von Eltern und Familie getrennt – Trauer- und Trennungsprozesse von Kindern und Jugendlichen professionell begleiten. Dessau: Edition Gamus.

Natho, F. (2009). Bindung und Trennung – Was Trennung so schwer macht. Neurobiologische Aspekte mit methodischer Anregung für eine systemische Trauerarbeit. In R. Hanswille (Hrsg.), Systemische Hirngespinste. Impulse für die systemische Theorie und Praxis (S. 208–223). Göttingen: Vandenhoeck & Ruprecht.

Natho, F. (2011a). Liebe in der Partnerschaft – Grundgefühl oder kulturelle Konstruktion. Zeitschrift für systemische Therapie und Beratung, 29 (1), 4–12.

Natho, F. (2011b). Traumatisiert & borderlinegestört. Systemische und traumapädagogische Arbeitsweisen in der Jugendhilfe. Dessau: Edition Gamus.

O'Neill, N., O'Neill, G. (1975). Die offene Ehe. Konzept für einen neuen Typus der Monogamie. Reinbek: Rowohlt.

Ovid (1968). Liebeskunst. In Gesammelte Werke. Bibliothek der Antike. Berlin u. Weimar: Aufbau-Verlag.

Platon (2006). Symposion. Griechisch/Deutsch. Stuttgart: Reclam.

Precht, R. D. (2007). Wer bin ich – und wenn ja, wie viele? (29. Aufl.). München: Goldmann.

Precht, R. D. (2009). Liebe. Ein unordentliches Gefühl (2. Aufl.). München: Goldmann.

Retzer, A. (2006). Freundschaft. Der dritte Weg zwischen Liebe und Partnerschaft? Familiendynamik, 31 (2), 130–151.

Retzer, A. (2010). Lob der Vernunftehe. Eine Streitschrift für mehr Realismus in der Liebe (3. Aufl.). Frankfurt a. M.: S. Fischer.

Roth, G. (1996). Schnittstelle Gehirn. Interface Brain. Bern: Benteli Verlag.

Roth, G. (2003). Fühlen, Denken, Handeln. Wie das Gehirn unser Verhalten steuert. Frankfurt a. M.: Suhrkamp.

Roth, G. (2008). Persönlichkeit, Entscheidung und Verhalten. Warum es so schwierig ist, sich und andere zu verändern (4. Aufl.). Stuttgart: Klett-Cotta.

Roth, G. (2009). Aus Sicht des Gehirns (2. Aufl.). Frankfurt a. M.: Suhrkamp.

Schedlowski, M., Krüger, T. (2002). Liebe ist Stress. Interview. Gehirn & Geist. Magazin für Psychologie und Hirnforschung, 3, 38–39.

Schmid, W. (2010). Die Liebe neu erfinden. Von der Lebenskunst im Umgang mit Anderen. Berlin: Suhrkamp.

Schmidbauer, W. (2009a). Die heimliche Liebe. Ausrutscher, Seitensprung, Doppelleben (5. Aufl.). Reinbek: Rowohlt.

Schmidbauer, W. (2009b). Mobbing in der Liebe. Wie es dazu kommt und was wir dagegen tun können. München: Goldmann.

Schmidbauer, W. (2011). Lässt sich Sex verhandeln? Die großen Fragen der Liebe. München: Goldmann Verlag.

Schrage, W. (1985). Ethik des Neuen Testaments. Berlin: Evangelische Verlagsanstalt GmbH.

Schramm, M. (2010). Die Entstehung der Konsumgesellschaft (S. 367–386). In R. Sieder, E. Langthaler (Hrsg.), Globalgeschichte 1800–2010. Wien u. a.: Böhlau.

Schulz, M. (2005). Mythos Mittelalter. Der Spiegel, 44, 168–182.

Seiffge-Krenke, I., Schneider, N. (2012). Familie – nein danke?! Familienglück zwischen neuen Freiheiten und alten Pflichten. Göttingen: Vandenhoeck & Ruprecht.

Sieder, R. (2010a). Haus und Familie: Regime der Reproduktion in Lateinamerika, China und Europa. In R. Sieder, E. Langthaler (Hrsg.), Globalgeschichte 1800–2010 (S. 285–342). Wien u. a.: Böhlau.

Sieder, R. (2010b). Der Familienmythos und die romantische Liebe in der *condition postmoderne*. In J. Hardt, F. Mattejat, M. Ochs, M. Schwarz, T. Merz, U. Müller (Hrsg.), Sehnsucht Familie in der Postmoderne. Eltern und Kinder in der Therapie heute (S. 45–71). Göttingen: Vandenhoeck & Ruprecht.

Sieder, R. (2011). Sehnsucht nach totaler Geborgenheit und Vielfalt der Lebensformen. Vortrag auf der 11. Jahrestagung der DGSF Bremen. CD. Mühlheim: Auditorium Netzwerk.

Sieder, R., Langthaler, E. (2010). Einleitung. Was heißt Globalgeschichte? In R. Sieder, E. Langthaler (Hrsg.), Globalgeschichte 1800–2010 (S. 9–36). Wien u. a.: Böhlau.

Sölle, D. (1985). Lieben und arbeiten. Eine Theologie der Schöpfung. Stuttgart: Kreuz Verlag.

Stendhal (Marie-Henri Beyle) (2007). Über die Liebe. Frankfurt a. M.: Insel Verlag.

Sterzik, S. (2006). Familienstand Single. Berlin: Wichern-Verlag.

Theißen, G. (1985). Soziologie der Jesusbewegung (4. Aufl.). München: Chr. Kaiser Verlag.

Uerlings, H. (Hrsg.) (2009). Theorie der Romantik. Stuttgart: Reclam.

Uhlendorff, H. (1995). Soziale Integration in den Freundeskreis. Berlin: Max-Planck-Institut für Bildungsforschung.

Watzlawick, P. (2004). Anleitung zum Unglücklichsein (6. Aufl.). München: Piper.

Weinrich, M. (1983). Priester der Liebe. In F.-M. Marquardt, D. Schelling, M. Weinrich (Hrsg.), Einwürfe (S. 90–175). München: Chr. Kaiser Verlag.

Wilhelm, K. (2009). Oxytocin. Elixier der Nähe. Gehirn & Geist. Magazin für Psychologie und Hirnforschung, 1–2, 58–63.

Wolff, C. (1982). Der erste Brief des Paulus an die Korinther. 7/2 Theologischer Handkommentar zum neuen Testament. Berlin: Evangelische Verlagsanstalt.

Zinserling, G. (1982). Abriss der griechischen und römischen Kunst. Leipzig: Reclam.

Therapie tierisch erfolgreich

Frank Natho
Gespräche mit dem inneren Schweinehund
Arbeit mit Tierfiguren in systemischer
Beratung und Therapie

Mit einem Beitrag von Markus Hasselbach.
3. Auflage 2013. 141 Seiten, mit 18 Abb.,
kartoniert
ISBN 978-3-525-40155-2

eBook (PDF) ISBN 978-3-647-40155-3

eBook (epub) ISBN 978-3-647-99522-9

Mutig wie ein Löwe, ängstlich wie ein Hase, stark wie ein Bär,
der Chef ein Rindvieh, die Mutter eine Kuh – wie man mithilfe
von Tierfiguren ins Gespräch kommt, berät und unterstützt.

Kinder lieben das Spiel mit Tierfiguren, das zum Verwandeln
einlädt und die Phantasie beflügelt, aber auch Erwachsene können sich dafür begeistern. Warum sie also nicht in Therapie und
Beratung einsetzen? Wie das funktioniert, zeigt Frank Natho
in diesem Buch aus der Praxis für die Praxis. Er beschreibt die
theoretischen Hintergründe und methodischen Schritte der Arbeit mit Tierfiguren in Diagnostik, systemischer Suchtberatung,
Familientherapie, Teamentwicklung und neuropsychologischer
Rehabilitation. Das Vorgehen wird anhand zahlreicher Fallbei-
spiele und Abbildungen veranschaulicht.

www.v-r.de